“中国小学生爱读本百部经典”活动好在让小学生推荐，让小学生阅读，让小学生成为书的主人。

卢勤

U0823045

编委会

全国百位优秀小学校长、优秀教师联合编审

（排名不分先后）

王洪夫 马步坤 丁国旭 卢　强 韩建州 高卫宾 李慧茹
朱雪玲 张德喜 姜文华 王春香 张兆琴 毛冰力 张莉香
李秀爱 梁丽娜 霍会英 邢连科 张卫勤 张利军 赵孟华
王贯九 韩德轩 吕国强 赵东成 吕付根 寇中华 葛运亭
张海潮 吕红军 蔡满良 李献中 郑彦山 范富来 陶丘平
康振伟 李富军 刘志敏 张明磊 金云超 张立志 张瑞舟
彭延黎 刘晓红 杨军亚 陈培荣 于建堂 吴贵芹 杨富林
马根文 张根军 李全有 康双发 侯　岩 刘洪亮 杨岁武
王茂林 李启红 赵云枝 周东祥 张华伟 王志保 李河山
李文彦 崔富举 刘新宇 杨海林 营四平 任国防 刘聚喜
刘新峰 潘贞瑞 黄四德 武永炎 孟庆德 朱五营 任敬华
陈建中 耿海根 陈新民 李世恩 陈淑华 丁汉洋 丁耀堂
胡耀丽 潘振生 樊来花 张海云 吴卫亭 李德华 吴双民
张会强 郑学德 张洪涛 张立新 杜　斌 刘青松 朱亚莉
姜　伟 张仲晓

学习型中国·读书工程

小学生爱读本
XIAO XUE SHENG AI DU BEN

怎样考才能考得好

学习型中国·读书工程教研中心　主编

江苏凤凰科学技术出版社
·南京·

主编的话

亲爱的同学们：

阅读，可以开阔视野，获取新知；阅读，可以跨越时空，纵横古今中外；阅读，还可以和圣贤对话，与经典同行。

杜甫说：“读书破万卷，下笔如有神。”的确，取得作文高分的同学都有相同的诀窍——喜欢课外阅读。因为可以从阅读中学到一些好词佳句，掌握写作技巧，积累更多的写作素材。

为此，我们精心策划了这套“小学生爱读本”丛书，让小学生们评选出自己最喜欢看的“小学生爱读本百部经典”。根据评选结果，我们邀请全国100位优秀小学校长和老师联合编审，本着“强大阵容打造经典精品”的宗旨，精心编纂了这套有利于小学生身心健康成长的大型丛书——中国小学生爱读本百部经典。

这套“小学生爱读本”囊括了中国小学生学习、成长、生活的各个方面，堪称国内较权威、完整的小学生家庭阅读书架。

约翰生说：“一个家庭没有书籍，等于一间屋子没有窗子。”亲爱的同学们，我们殷切地希望你们能多读书、勤读书、读好书，在读书中品味，在品味中思考，在思考中成长。我们也由衷地相信通过阅读这套“小学生爱读本”，你们必定能够吸收到书籍中珍贵的阳光雨露，为日后成长为对人类有贡献的栋梁之才打下坚实的基础。

学习型中国·读书工程教研中心

本书书名。当前你看的是哪本书，在这里可以一目了然。

主题故事。本书围绕着这一主线，讲述在小学身边发生的主题故事。

精美插图。每个知识主题上都配有大量精美的插图，在视觉上创造美观舒适的阅读环境，有助于解除阅读疲劳。

正文。适合小学生阅读的字体字号设计，让你的阅读之旅更舒适。

导读

章名。便于检索你阅读到本书的那一部分，对阅读全书有一个整体的把握。

第一章 轻松考试的序曲

…奇地优秀，令同学们大为惊叹。
…争论越来越激烈，却没有察觉到上课铃声已经响了。
…底在做什么？上课铃声已经响了一段时间了。”班主
…到这种状况很生气。
…头回到各自的座位。
“什么事？赵亮，你来说说。”
了起来，说：“我们刚才在讨论有关学习方法的问
…习方法？”
…杰为什么学习成绩那么优秀的原因。”
…看这样吧，让郭杰自己来说说好吗？”
…烈鼓掌。
…来，他的衣服上还有一个球印呢，大家笑了起来。
公开你的秘诀吧。”
035

页码。便于检索。

·本书特色·

1 版式精美

本书版式精美，插图生动，同学们在视觉上会感觉非常舒适，不会有阅读疲劳感。

2 全彩印刷

全套书都采用四色印刷，每一种颜色、每一个字体都是经过精心设计的，符合小学生的审美情趣。

3 故事生动

书中精选的故事都是小朋友们喜欢的，用简单的故事来说明学习的方法，趣味无穷。

4 功能性强

本书以考试为主线，穿插考试方法与考试战术，能增强同学们的学习兴趣，有效提高学习效率。

5 寓教于乐

本书在编排上采用文附图、图解文的形式，避免了枯燥的说教，具有风趣幽默、寓教于乐的特点。

名家荐言寄语

“中国小学生爱读本百部经典”活动好在让小学生推荐，让小学生阅读，让小学生成为书的主人。

——著名教育专家、知心姐姐 卢勤

让孩子们从第一本开始，读到一百，那人生就可以读到一千、一万。

——北京大学教授、文学评论家 张颐武

希望“中国小学生爱读本百部经典”可以让父母、老师、同学共享读书的美好时光，分享读书的浓浓乐趣。

——中国台湾教育学专家、美国UCLA博士 王宝玲

“中国小学生爱读本百部经典”包含了让中国小学生“相伴一生，终身受益”的经典图书。

——香港东方教育研究院院长 陈仲铭

目录

第1章 轻松考试的序曲

拒绝一错再错 ·············· 010

为什么计划无法执行 ········ 017

测出金字塔高度的塞乐斯 ····· 024

不要对老师存有偏见 ········ 028

学会记笔记 ················ 034

合理利用时间 ·············· 038

要经常问“为什么”········· 041

自动自发地学习 ············ 052

第2章 健康，才能走得更远

保持充沛的精力 ············ 062

进行适量运动 ·············· 072

稳定情绪，从容应考 ········ 077

保持充分的自信 ············ 080

拥有一个良好的心态 ········ 084

第3章 高效考试的策略

参考书要经常翻一翻 ········· 096

记忆力是轻松学习的好帮手 ···· 099

日记日记，随写随记 ········ 105

观察力是发现知识的窗口 ····· 108

思维力是穿透现象的利箭 ····· 113

创造力是学习的最高境界 ····· 117

第4章 考场上要注意的问题

在考试过程中我们要掌握的技巧 …… 122

把握考试的时间 …… 132

审题时应注意的细节 …… 140

作文得高分的秘诀 …… 148

第5章 重在明确考试的目的

克服偏科这个大魔头 …… 162

听课要学会“抓西瓜” …… 166

善用课堂笔记 …… 174

不欠复习的“账” …… 179

后记：正确对待考试 …… 195

第1章

轻松考试的序曲

复习的作用在于能够让同学们做到记忆牢固、
举一反三，加强同学们对知识的掌握，
下面让我和同学们一起来看看复习时
应该注意的问题吧。

拒绝一错再错

“大家好，我是新来的张玉老师，以后教大家数学。通过这几天对同学们在上学期期间的学习情况的了解，我发现我们班很多同学的数学学习能力比其他班级同学要落后许多，因此从今天早自习开始，每天要作一些简单的数学小测验，当天成绩最差的十位同学，放学后留下来打扫教室，以示惩罚。”

同学们面面相觑，心想，这个老师怎么看起来这么厉害，看来要小心才行。想到这个学期将会过着提心吊胆的日子，大家的心里都布满了阴云。

李建的心情也很糟，其实他并不是没有学好数学，而是因为他讨厌考试，只要一听到考试，就不由自主地头疼起来。

“那么，现在大家把书和笔记本收拾到抽屉里，准备测验了！”

教室里一阵嘀嘀咕咕的埋怨声，张老师不以为意，仍然催促着大家赶紧准备考试。

在张老师出的十道题当中，李建只答错了两道题，成绩排在后十名的同学，真的在放学后留下来打扫卫生。

李建心中很得意，张老师出的题目也难不到哪里去，看来以后根本不需要担心考不好，回家可以尽情地看足球比赛了。

隔天李建又错了两道题。

“哼！每次都是两道题，如果出的是其他题目，可能就全对了呢！”

张老师开始宣布要留下来打扫卫生的学生名单。

“嘉丽、丹丹、李建……”

“什么？”李建怎么也没有想到名单上会有自己，难道其他同学全都考了一百分或九十分吗？我只错了两道题，应该是八十分没错啊！

李建再一次仔细地检查了考卷，非常确定自己只错了两道题。

“如果为了这件事去问老师，好像有点难为情……”

张老师宣布完毕，就离开了教室。李建虽然觉得冤枉，但最后还是留下来打扫教室，心想反正就这一次，也没有什么关系。

第三天，李建又在名单之列。

第四天，李建十道题中又错了两道题。

“为什么每次碰到这种题目时，就容易出错呢？”李建看着自己的考卷，有点迷惑。

“好，现在要宣布今天负责打扫的同学的名单：丹丹、李建……张老师说完，又离开了教室。

教室里开始喧闹不休，忽然听到一个很大的声音：

“喂！你们全部考了一百分啊？”

李建看见丹丹站了起来，正气急败坏地大声询问。同学们安静下来，面面相觑，不知道丹丹发生了什么事情。

李建刚想过去问问丹丹，这个时候，教室门忽然被打开，是张老师进来了。

“啊！对了，忘记告诉你们一件事情，如果对我的做法感到不满，现在可以跟着我到办公室来。”

李建从座位上站了起来，和另外几位同学一起跟着老师走向办公室。

“你们到底有什么不满呢？”老师坐下来，问道。

“老师，今天我只答错了一道题，其他的都答对了，为什么名单里还有我呢？”丹丹问。

丹丹问完后，紧接着，另外两个同学也提出为何只答错两道

题，还需要负责打扫卫生的疑问。

“这样啊！你们真的不知道为什么吗？”张老师看着这几个学生，反问道。

“不知道！”几个学生异口同声地回答。

“待会儿回到教室后，检查一下这四天的考卷，你们几个连续四天答错同一类型的题目。一错再错是大错！这样的错误，就算是考了九十分或八十分，也是不可原谅的，回去好好反省一下吧！”

李建恍然大悟。

张老师又说：“今天回到家里，把答错的题目放在桌上，反复看三次，以后不要再重蹈覆辙，知道吗？”

回到家后，李健把答错的题目写在一张大纸上，贴在最醒目的地方，提醒自己以后不要再犯同样的错误。

不知道同学们看到这个故事有什么启发呢?

有的同学说：“考试的意义在于复习。”这种想法非常正确。考试能促使自己系统地复习，只有循序渐进地认真复习，才能考出好成绩。

为了全面系统地复习，在考试前应该制订一套切实可行的复习计划。计划不要过于详细，弄得自己寸步难行，而要留有余地，这样到考试时才能胸有成竹。有的同学考前心中无规划，复习到哪儿是哪儿，甚至有的科目或章节还没有复习完就仓促上阵，这样到考场上自然心慌意乱，难以应付。我们常说“不打无准备之仗”，没有很好地准备就参加考试，往往会不击自溃。只有未雨绸缪才能掌握考试的主动权。

轻松考试有秘诀 1

⊙ 趁热打铁，及时复习

心理学研究表明，刚学过的东西如果不马上复习巩固的话，就会产生遗忘。即便你上课听懂了，但若是省略了复习环节，会使所学的知识的系统性、完整性受到破坏。时间一长所学的知识就会模糊、被遗忘、不系统。

心理学家曾经做过这样的实验：让三个组的学生熟记一篇诗歌，第一组每隔一天复习一次；第二组每隔三天复习一次；第三组每隔六天复习一次。直至达到统一熟记的程度，结果第一组学生平均需要复习四次；第二组平均需要复习六次；第三组平均需要复习七次。可见，复习间隔的时间越短，所需复习的次数越少。实验结果表明：如果复习能做到及时，可以提高熟记的速度。

那么，如何进行有效的复习呢？下面有几种方法，建议同学们在日常复习中加以运用。

⊙ 课后回忆

这种方法也称“尝试回忆”或“试图回忆”，即在听课的基础上，把所学的内容回忆一遍，它可以检验你的听课效果。

也有人把课后回忆称做“过电影”。如果能顺利回忆出所学内容，就证明听课效果好，反之就应寻找原因，改进听课的方法。

回忆是一项积极主动的思维活动，需要高度集中注意力，把学过的知识在头脑中“再现”一遍，从而巩固所学的知识。你可以一个人单独回忆，也可以几个人在一起互相启发、补充回忆。课后回忆可以按教师的板书提纲进行，也可按教材的纲目结构进行，从课题到重点内容，再到例题和每部分的细节。

电影开幕前的那几分钟，你是在焦急地等待，还是与人叽叽喳喳议论不休？还有在等电梯的时候，在站牌下等公交车的时候，在回家的路上……这么多等待的时刻，也许只有几分钟，可是如果能在这短暂的2

分钟，或3分钟，也可能是5分钟里，把今天所学的内容在你的脑海里像放电影一样“放映”一遍，效果肯定大不一样。

这种方法至少有两个优点：

（1）可快可慢。“放电影回忆法”可以简单回忆知识点，也可以详细回忆全部的内容，所以可快可慢，可以充分利用生活中一些零散的时间。

（2）可以查缺补漏。“放电影回忆”是在脑海中尽可能清晰地重现学过的内容，如果“放映”不出来，说明还没有完全记住所学内容。这时要立即看书并找出记忆的薄弱环节，如此循环往复，记忆效果将会加倍提升，而且所记内容也会清晰、牢固、准确。

这里介绍两种“放电影回忆”复习法的复习方式：

（1）如果时间短暂，你要让大脑尽快“播放电影”，只要问自己几个问题就行了，比如：今天学了什么课程？课程的题目是什么？课程分成几块内容？每块内容的重点是什么？

（2）如果时间比较充裕，你可以用快慢结合的方式，将那些不太重要的内容快速地进行“放映”，而每到重点内容或关键的词句、公式的时候，就要采用“慢镜头”的方式，甚至“定格”，反复琢磨。

（3）如果时间很充裕，你完全可以用默读的方式，在脑海中一字一句地“播放”，就好像朗读或默写一样，这种方法可以有效地提高记忆的准确性。

为什么计划无法执行

鸣鸣在老师和家长的眼里，绝对是一个听话的好孩子，学习成绩也很优秀。

本来他是一个爱说爱笑的学生，但是最近总是愁眉苦脸的，满怀心事，而且总说一些让自己泄气的话，比如："唉，我怎么这么没用啊！""累死了，真不想学习了，没意思！"

班主任林老师也发现了这个情况，于是他把鸣鸣叫到办公室，仔细询问。

鸣鸣一副苦恼的样子，他说："我一直很爱学习，我有自己的理想和目标，这学期开始，我制订了详细的计划，包括各门功课应该实现什么样的目标，在班上争取什么样的位置。为了实现这些，每天在什么时候、要做什么事都作了明确的规定。而且我还分科独立制定目标，一门功课一张表。但是令我苦恼的是，这个计划仅仅执行了一周。第二周便不能执行了。有时是忘记了这个时间该做的事情，干脆下面的也不想做了；有时候感觉很累，什么也不想做，就对自己说明天再做吧，可到了第二天还是没做……我应该怎么办呢？"

林老师听了点点头，说："别着急，老师帮你分析分析。"

呜呜的计划是制订好了，但执行不到一周就出问题了：今天打了半天篮球，感觉累了，休息一下明天晚上学习；到了第二天晚上，有足球赛，算了，明天晚上吧……这样不知道过了几个“明天晚上”，结果是计划一点都没执行。

我们每个同学的脑海里可能都藏着一个或数个早就应该付诸行动的想法。这个想法也许是写一篇文章，也许是早起锻炼身体，也许是成绩提高10分等等。每一个人都想追求完美，怀有不断改进自我的希望，可是像呜呜一样的同学也不是少数。

我们来看一下呜呜的计划究竟存在什么问题：

一、计划太完善了。计划完善也不好吗？是的，如果你的计划太完善，内容、时间都规定得很具体，一环扣一环，那么一个环节出现了问题，所有的行动就全部实现不了了。所以制订计划时，一定要留有余地，要有机动的时间。

二、制订计划时没有结合实际情况。没有考虑到自己的能力，没有考虑到环境的限制。呜呜把目标定得太高了，而且没有考虑每天上课的时间和安排。

除了前面两个客观方面的原因外，造成计划无法执行的主观方面的原因是：

一、懒惰而贪图安逸。有些同学根本不在乎能否实现一个想法，只要享受今天，直到“老大徒伤悲”时，才会感叹自己“少壮不努力”。

二、做事犹豫不决，迟迟未见行动，一拖再拖。他们总是说：“等一等，等我准备好了就一定开始。”但是，准备又准备，从没有就绪的时候。时不我待，失去时机，就永远无法成功。

三、意志薄弱者时时受到玩乐的干扰，为了贪图一时快乐，而放弃已经确立的目标。他们常常为自己耽误时间而后悔，又不能及时约束自己，到头来一事无成。

四、安慰自己，寻找借口："这种方法不错，但不适合我。""我已发誓早起20多次了，可就是做不到，看来我的天性不适合早起。""我一看书就困，试过很多次了，看来，我与别人不同。不适合晚上看书。"这些理由看似合理，实则都是自我欺骗。

轻松考试有秘诀 1

⊙ 别光说不做

有一艘海轮在行驶途中触礁，船体进水。有的乘客急忙寻找救生圈，有的寻找自己的行李，但更多的乘客在发牢骚：有的责怪船长，说其驾驶技术太差；有的大骂造船厂，说其生产伪劣产品。这时，一位乘客高声喊道："我们的命运不是掌握在我们的嘴上，而是掌握在我们的手上，快堵住船的漏洞！"经过众人的努力，漏洞被堵住了，海轮安全地驶向彼岸。

这个故事说明：百怨不如一干，百说不如一做，光靠嘴皮子是没用的，只有行动起来，才能解决问题。

有一个美国人一直想到中国旅游，于是制订了一个旅行计划。他花了几个月时间阅读搜集来的资料——中国的艺术、历史、哲学和文化。他研究了中国各省地图，订了飞机票，并制订了一个详细的日程表。他标出要去观光的每一个地点，每个小时去哪里都定好了。有个朋友知道他盼望已久的这次旅游。在他预定回国的日子之后的一天，这个朋友到他家做客，问他：“中国之行怎么样啊？”这人回答道：“我猜想中国是不错的，可我还没去过。”他的朋友大惑不解：“什么？你花了那么多时间作准备，却没有去，这是为什么呢？”他回答道：“我喜欢制订旅行计划，但我不愿意去飞机场，所以待在家没有出门。”

所以，不管你的梦想多么美妙，计划多么周详，如果你不采取任何行动，梦想只能是空想。

轻松考试有秘诀 2

⊙ 不要等明天

有一个人向禅师请教：“我想学禅，体悟人生真谛。我应该从哪里开始学起呢？”

“从这里。”禅师边说边用木棍在地上画了一条线。

那人大惑不解地问：“这里是哪里？”

禅师道：“这里就是此人、此时、此地。”

禅师的话究竟是什么意思呢？

禅师的意思是，不论你想学什么，都应该马上行动起来。

《今日歌》也曾这样说过：“今日复今日，今日何其少！今日又不为，此事何时了。人生百年几今日，今日不为真可惜。若言姑待明朝至，明朝又有明朝事。为君聊赋《今日诗》，努力请从今日始。”

许多同学有把今天的事情拖到明天去办的习惯，还要千方百计地找理由来安慰自己。可是你知道吗，要想取得成功，就必须抓住每一

分、每一秒，不让今天虚度。向往明天、等待明天而放弃今天的人，就等于失去了明天，结果还是一事无成，而把握今天的秘诀是“今天的事情今天做”。

只争朝夕，抓住今日，兼程而进，这就是非凡的成功者的时间意识，也是他们成功的原因所在。每个学生都应该牢记大剧作家莎士比亚曾经说过的话：时间给勤奋者以智慧，给懒惰者以悔恨。

放弃时间的人，时间也会放弃他。没有一种不幸可以与浪费时间相比。我们应该避免这种不幸。

轻松考试有秘诀 3

⊙ 灵活运用复习方法

如果你能重视以下这些复习方法，并加以灵活运用，详细制订计划，合理安排，必然能有效提高考试成绩。

总复习开始之前，要根据老师的复习指导计划和自己的学习情况，制订一份个人复习计划。这就好比建筑师在建楼房之前，必须先画设计

图一样重要。复习计划要有明确的目的，对复习内容和所需要的时间都要作出具体安排。有了切实可行的计划，才能保证忙中有序，有条不紊地进行复习。

即便老师的复习计划再完美，也一定要制订出适合你自己的完整复习计划。完全跟着老师走无异于将自己置于被动地位，只有针对你个人的特点制订出的复习计划，才能使你在考前保持完全的主动。

制订计划前，首先要了解自己，比如：诸多学科中，你的强弱项科目分别是什么？每一门学科的薄弱环节是什么？各门学科在这次考试中的地位如何？你一天里的记忆高低潮各在什么时间等等。不妨拿一张纸，边回忆边分析，当你详细了解自己的实际情况之后，复习计划自然就出来了。

尽量避免一些复习计划上的错误，就能大大提高你的学习效率。比较典型的错误主要有：

时间安排失当，无关紧要的琐事耗时过多，功课常常是在手忙脚乱中完成的；

学习过程中很难分清主次关系；

学习前紧后松，做事有头无尾；

常常犹豫不决，不知下一步该做什么；

经常发现自己在做不必要的重复事情。

测出金字塔高度的塞乐斯

生于公元前624年的塞乐斯，是古希腊第一位闻名世界的大数学家。他的家乡离埃及很近，所以他常去埃及旅行。在那里，塞乐斯了解了古埃及人在几千年间积累的丰富数学知识。他曾用一种巧妙的方法测算出了金字塔的高度，令古埃及国王阿美西斯称赞不已。

塞乐斯使用的方法既巧妙又简单：选一个天气晴朗的日子，在金字塔边竖立一根小木棍，然后观察木棍阴影的长度变化，等到阴影长度恰好等于木棍长度时，立刻测量金字塔影子的长度，因为在这一时刻，金字塔的高度也恰好与塔影长度相等。也有人说，塞乐斯是利用棍影与塔影长度的比等于棍高与塔高的长度比算出金字塔高度的。如果是这样，就要用到三角形对应边成比例这个数学定

理。塞乐斯自夸说，是自己把这种方法传授给了古埃及人，但事实可能刚好相反，是埃及人早就知道了类似的方法，但他们只满足于知道怎样去计算，却没有思考为什么这样算就能得到正确的答案。

塞乐斯最先证明了如下的定理：

1.圆被任一直径二等分。

2.等腰三角形的两底角相等。

3.两条直线相交，对顶角相等。

4.半圆的内接三角形，一定是直角三角形。

5.如果两个三角形有一条边以及这条边上的两个角对应相等，那么这两个三角形全等。

这些定理都是塞乐斯最先发现并最先证明的，后人常称之为“塞乐斯定理”。后来，他还用这些定理算出了海上的船与陆地之间的距离。

在塞乐斯之前，人们在认识大自然时，只满足于对各类事物作出解释，而塞乐斯的伟大之处，在于他不仅能作出解释，而且还加上了“为什么”的科学问号。古代东方人积累的数学知识，主要是一些由经验中总结出来的计算公式。塞乐斯认为，这样得到的计算公式，用在某个问题里可能是正确的，但用在其他问题里就不一定正确了，只有从理论上证明它们是普遍正确的之后，才能广泛地运用它们去解决实际问题。在人类文化发展的初期，塞乐斯能够提出这样的观点，是难能可贵的。它赋予数学特殊的科学意义，是数学发展史上一次巨大的飞跃。因此，塞乐斯获得了“数学之父”的尊称。

很多同学都抱怨数学知识太枯燥，而从上面的例子可以看出，数学是一门生动有趣的功课，它充满了智慧和探索。

轻松考试有秘诀 1

⊙ 烤肉片烤出来的数学知识

晚上，婷婷一家在烧烤店里吃自助烧烤。由于用来烧烤的肉架比较小，一次只能烤两片肉，可妈妈和婷婷都饥肠辘辘。大家都在思考着怎样才能在最短时间内烤完三片肉，因为烧烤店里一桌只提供一份餐具。

爸爸说：“你们瞧，烤一片肉的两面需要20分钟，因为每一面需要10分钟。我可以同时烤两片，所以花20分钟就可以烤完两片，再花20分钟烤第三片，全部烤完需要40分钟。”

这时，婷婷说：“你可以更快些，爸爸。我刚算出你可以节省10分钟。”

“你想出了什么妙主意？”妈妈问。

婷婷为了说明白她的答案，把肉片分为A、B、C三种，每片肉的两面记为1、2，第一个10分钟烤A1和B1，把C肉片先放到一边。再花10分钟烤A2和C1。此时肉片A可以烤完，再花10分钟烤B2和C2，仅花30

分钟就烤完了三片肉。

“非常棒。”爸爸赞赏道。

这是一道数学中很简单的组合问题，属于现代数学中的运筹学。这门学科向我们揭示了一个事实：如果有一系列操作，并希望在最短时间内完成，统筹安排这些操作的最佳方法并非马上就能看出。初看似乎是最佳的方法，实际上大有改进的余地。

婷婷找到了问题的关键点，并且很快就吃起了香喷喷的肉片。如果是你会不会多浪费10分钟来空等呢？想知道婷婷是怎么想出来的吗？原来是数学课上老师出了一道关于车辆如何在最短的时间内到达目的地的题目，婷婷思考了很久都没有答出来。后来老师提醒说要点是找出问题关键。这次婷婷学聪明了，找出了问题的关键是烤完肉片的第一面后并不一定马上去烤其反面。

同样，在我们学习数学的时候，很多看似很复杂的题目，其实只要抓住其关键点，问题很快就能迎刃而解了。

轻松考试有秘诀 2

⊙ 一通百通的数学学习法

法国数学家笛卡儿曾经说过：“我所解决的每一个问题都将成为一个模式，以用于解决其他问题。”他的意思很明确：他所解决的任何问题都将成为一个典范，也就是数学课本中的例题，每一道例题都是一个“模式”。只要你弄懂、弄通了这道例题，后面的问题你还怕解答不出来吗？

老师教数学，不也是通过一道道例题的讲解来进行的吗？现在问题的关键在于你是否真正地掌握了这道例题，要是数字变了、形式变了、内容变了，你还能解答出来吗？掌握例题的基本做法是通过例题去掌握数学的基本概念、基本解题思路和基本解题技巧。试想，如果一个学生熟练掌握了900句英语，那么他的英语口语是不会差到哪里去的。同样，如果一个学生熟练掌握了几百道具有典型意义的例题，那么他还会怕解题的时候没有思路吗？

当然，在这里我们提倡灵活地应用例题，照搬照抄的学习方法实在不可取。

不要对老师存有偏见

在老师的心目中，学生可以分为好学生、差学生、听话的学生和难管教的学生等等。

同样，在学生的心目中，老师也有个按等级排列的顺序：有最喜欢的老师、比较喜欢的老师和没什么感觉的老师等。

对老师的不喜欢绝不是对老师的冒犯，因为人是感情动物，只要一接触，就自然会产生好恶的情感。

但是有些同学的情绪太偏激。如果不喜欢某位老师，出于对这位老师的反感或恐惧，一上这位老师的课就开小差，因为他不愿意看到这位老师，不愿意听到他的声音。

小光今年高一，他的数学、语文成绩都不错，只是英语成绩不稳定。他的英语老师是一位急性子的女老师，身为英语组长，她特别想让所教的学生都学好英语。

一次在课堂上，老师连着提问两次，小光都没有回答上来，老师一下子急了，把小光过去的“罪过”加上现在的，全都数落一通，当然语言也有过激的地方。

从此以后，小光对英语老师又讨厌又憎恶，无论英语老师大声呵斥谁，小光都觉得受不了，都觉得她是在批评自己。终于，在期末考试前一个星期，他逃学了，在街上闲逛，满脑子想的都是这位老师“狰狞”的面目。后来小光不仅不上英语课，索性连其他课也不上了。

轻松考试有秘诀 1

⊙ 要明确我们学习是为了自己

像小光这样产生过激反应、拒绝上学的学生只是特例，但若是你遇到这样的老师，是不是也会有意无意地不好好学这门课了呢？你对这门课的兴趣是不是受到影响了呢？相反，如果你喜欢这位老师，你是不是就会认真听讲、认真做作业呢？实际上，学生学习不可能不受老师的感染，老师对你的态度会影响你对某门课程的学习也是正常的。

然而，关键问题就在于，我们应该明确，自己是为了谁而学习。

在学校中，的确有一些像小光那样的学生，为了老师而学习。如果老师对他们好，他们就信心百倍，热情倍增，废寝忘食地学习。他们崇拜老师，把老师当做保护神，所以，对老师的每一句话都言听计从。

老师可能也喜欢这样的学生，但老师仍然要严格要求这些学生，所以当他们出现不良行为时，老师也会批评他们。比如，如果因为不用功而没考好，老师必然会指责你。这时，如果你是为了老师而学习，你就受不了，你觉得过去的努力都化成泡影，老师不再喜欢你了。还有一些同学在受到批评后，会认为老师讨厌自己，把自己视为眼中钉，总对自己鸡蛋里挑骨头。

为了老师而学习的学生往往把老师对自己的态度看得极为重要。老师的一个眼神、一个姿势，都能让他揣测半天：老师是不是对我不好了？他是不是对我有意见了？这既表明了他对老师的依赖，也表明了自己的独立性和自主性的欠缺。

实际上，在小学生身上更多地表现出这种依赖。现在我们要明确：一方面学习要依靠自己，听老师讲课只是我们获取知识的重要手段之一。所以，上课要认真听讲，积极思考。另一方面，我们自身的努力很重要，课前的预习、课后的复习、查阅资料等，我们要从依赖老师过渡到依靠我们自己。

轻松考试有秘诀 2

⊙ 学习是自己的事 要发挥自己的主动性

学习是我们自己的事情，我们是为了自己长知识，提高能力，为了能够拥有光明的未来而努力学习的。所以，老师对我们态度的好坏，不应该左右我们的学习，而只是一个影响因素而已。

当遇到一个你不喜欢的老师时，你的首要任务就是分析一下，究竟自己不喜欢他哪一点？是他的衣着招你讨厌呢，还是行为举止惹你讨厌，或者是他教授的知识让你厌烦。不喜欢一个人有很多种原因，而且往往因为不喜欢这个人的某一方面，而延伸到不喜欢这个人的各个方面。一般情况下，我们不会不喜欢老师所教授的知识，因为知识是不会招惹你去讨厌它的。如果谁说“我就是不喜欢数学”，或者“我就是不喜欢语文”，那就是你自己的学习兴趣问题了。

可见，你要把老师与老师所讲的知识区分开来。你是来学习知识的，而老师是传授知识

的；你可以对老师有好恶之感，但对老师传授的知识不能有好恶之情；你对老师可以有好坏印象，而知识则无所谓好坏。老师可以更换，而知识则是你自己的，是储存在你脑中的财富；老师是短暂的，而你学到的知识是永恒的；你可以不喜欢老师，但不能拒绝学习知识。

把这两件事都想清楚了，为了更好地学习，下一步就应该想办法把“不喜欢”变成“喜欢”。最好的办法就是找老师谈谈。如果感到不好意思，也可以用写信的方式进行交谈，把自己的想法讲给老师听，让老师有机会了解你，并把他的想法和建议也告诉你。

人与人之间的矛盾主要产生于沟通不当，或缺少沟通。很多时候，伴随着沟通的顺利进行，矛盾也自然地化解了。但是，在找老师谈之前，你还要想明白一件事，那就是你不喜欢老师的哪一方面。如果你原来的班主任是位女老师，态度和蔼，而现在的班主任是位男老师，相对来说显得有些生硬，那么你只能去适应这位男老师，而不能要求他变成女老师。如果像小光那样与老师之间产生了误解，那么与老师谈一谈就是极其必要的了。通过与老师恳切的谈话，你可以从老师的角度想一想，他当时为什么会那样做，为什么说那些话，也让老师从你的出发点想一想。一般情况下，通过交谈能把矛盾全部解开。

请记住：在你的成长过程中，老师仅仅是一个外在条件。所以一定要清楚：学习是自己的事，而不是老师的事。

学会记笔记

郭杰没想到自己会引起一场辩论。

一天课间休息的时候，赵亮和李宣大声争吵起来，引起很多同学的围观。

他们两个是很好的朋友，怎么会吵起来呢？

事情是这样的：赵亮和李宣正在研究这一次年级第一名同学郭杰的学习秘诀。李宣认为，郭杰虽然白天在学校里爱玩，可是晚上回去十分努力，甚至熬夜，还上辅导班；赵亮则认为，郭杰有一套自己的学习方法，所以学习效率很高，这样才又能玩又能学。

其他同学也纷纷加入讨论。

的确，郭杰是一个又调皮又爱玩的学生。课外活动的时候，在操场上玩得最欢的那个人肯定是他。放学后，他还会到游乐场玩或跟朋友们成群结队到公园游玩。他经常弄得一身脏兮兮的，闹了很多笑话。就是这样一个爱玩爱闹的学

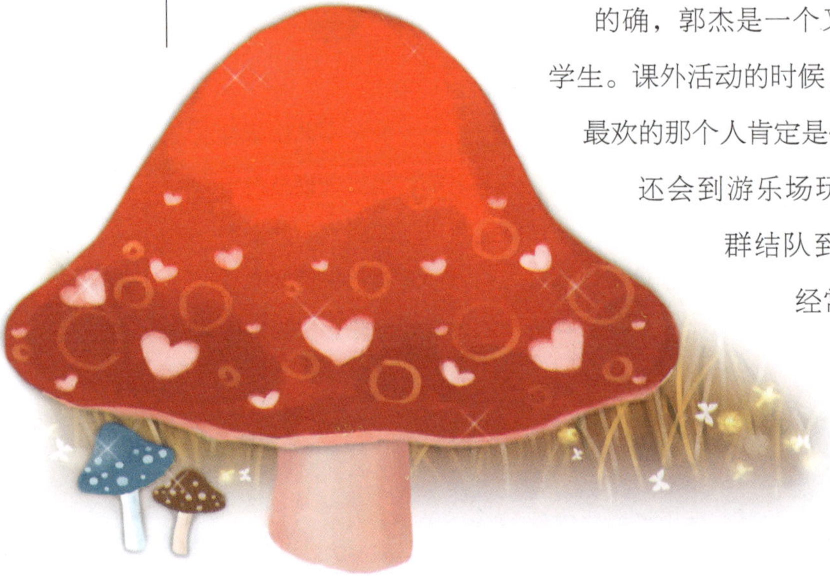

生，成绩却出奇地优秀，令同学们大为惊叹。

同学们的争论越来越激烈，却没有察觉到上课铃声已经响了。

“你们到底在做什么？上课铃声已经响了一段时间了。”班主任进来了，见到这种状况很生气。

大家低着头回到各自的座位。

“发生了什么事？赵亮，你来说说。”

赵亮站了起来，说：“我们刚才在讨论有关学习方法的问题。”

“什么学习方法？”

“关于郭杰为什么学习成绩那么优秀的原因。”

“哦！我看这样吧，让郭杰自己来说说好吗？”

同学们热烈鼓掌。

郭杰站起来，他的衣服上还有一个球印呢，大家笑了起来。

“郭杰，公开你的秘诀吧。”

郭杰听到老师的话后，从书包里拿出一个笔记本。

“在上课的时候，我会用各种不同颜色的笔来标示重点，以便日后整理。回家写完作业后，再抽出时间来整理“彩色笔记本”，每天抽出十分钟来整理就可以了。仔细地整理好笔记本，在考前复习的时候，会有很大的帮助。”

老师听赞许地点了点头。其他同学都抢着要看那本“彩色笔记本”。

郭杰又拿出他的几本教科书给同学们看，说：“不仅仅笔记如此，我的所有课本都是彩色的，不同的颜色表示不同的重要程度，还有各种我自己创造的标志符号，这样在复习的时候，我就知道哪些是重点和难点了，还有哪些是没有理解清楚的，不懂的问题可以向老师或者同学请教……”

轻松考试有秘诀 1

⊙ 彩色笔的妙用

如果你翻看一些参考书，就会发现，大部分参考书上都画满了红线，这是为了强调重点。

通常，红色信号表示危险，因为红色容易引起人们的注意，所以，在学习的时候，我们不能忽视用红笔勾画出来的部分，它告诉我们：“这一部分是重点，要特别注意”。

当然，即使不用红色笔，用其他颜色的笔来画也可以。但是，要想将特别重要的部分与其他部分明显地区别开来，用红色笔把要突出的部分勾画出来是非常有效的办法。

在学习中懂得使用彩色笔是一种很有用的技巧。

你可以用蓝色笔在关键的句子下面画一条单横线，用红色笔在不同的句子或词下面分别画上单横线、双横线、波浪线、圆点等符号。

当然，除了用红色笔和蓝色笔之外，你还可以选用其他颜色较鲜艳的笔（如黄色笔、绿色笔等）。

你可以根据自己的喜好和想象力，使用这些彩色笔，在学习材料上创造一个“奇特”的学习环境，不仅符号要奇特，色彩搭配也要奇特，这样在复习的时候才容易引起你的注意和兴趣。

有一点需要注意，就是这本“奇特”的学习笔记应该简明清晰、色彩对比强烈，否则容易使学习材料复杂化而影响了学习效果。

如果遇到非常重要的地方，除了画上红线之外，你还可以用一种自己最喜欢的彩色笔，把重点的句子或词语写在空白的地方。

在写的过程中，不但让你又重新思考了一遍，而且写出来的重点也能在视觉上引起你的注意，下次翻书的时候，第一眼看见的，就是这些重点。

合理利用时间

时间对于考生来说是尤为重要的。临考前，时间不够充裕也许是引起考生焦虑不安的主要原因。考生总希望能有多一天的时间为考试作准备，但时间是无法延长的。解决这一问题的途径只有一条，那就是提高时间的利用效率。有效利用时间的第一步是搞清楚是哪些事情造成了时间的浪费，这样才可以有效地制订出能够节约时间的计划来。

考生务必明白，打开电视毫不费力，但关掉电视却没那么容易。因此考生尤其需要有选择、有控制地观看电视节目，除非是真的非常有价值的节目，一般节目还是不看为妙。不过新闻节目最好看看，但在看新闻时最好站着，不要坐下。

每天等车、排队买饭，或者排队看病的时间，乍看耗时不多，实际上这些时间累加起来也很长，考生务必充分利用。利用“等候时间”的最好办法就是随身带上一本书，或者携带方便的笔记本，或者复习卡。

每天往返学校的途中自然要耗费一些时间。如果是乘车去学校，最好携带摘录卡，利用乘车时间记忆单词、公式或其他零散内容。如果是骑自行车去学校应该考虑天气情况和路上所需时间，选择好离家的时间。如果每天需要穿过城区交通拥挤的地段，随身携带笔记本或复习卡是必要的，因为随时有可能发生交通堵塞或遇到红灯。

考生可能会遇到一些不想参与，但又碍于情面不好拒绝的事情，耗时甚多，这时应当果断地说“不”，最好是夸张而有力地说这个“不”字。

轻松考试有秘诀 1

⊙ 克服拖延习惯

拖延的坏习惯对完成计划极为有害。要提高时间的利用率，克服拖延的坏习惯是必要的。当然这一坏习惯不是马上便能克服的，在此我们

介绍四个步骤，来帮助大家逐渐克服这一陋习。

1.静下心来

如果精神紧张，自然无法安心学习。能让人尽快静下心来的有效方法有两个：一是在坐下来学习前，花几分钟时间进行一些简单的运动，如原地跑步、上抻下蹲或跳绳；二是准备好所需文具和书籍，因为造成拖延时间的主要原因之一是坐下后又站起来找东西，迟迟不能开始静心学习。

2.让任务明确

给自己明确的任务有助于将注意力集中在最终的结果上，从而在考试中发挥出自己的最高水平。

3.把复习任务“化整为零”

考试复习最令人生畏的是复习量大而且范围广。为此应该采取的最佳策略是“化整为零”，具体来说就是先翻阅一遍课堂笔记，找出基本概念和主要问题，然后再把第一个概念及相关问题的笔记摆在面前，复习好第一个后，再复习第二个、第三个，依次类推。

4.确定完成任务的最后期限

按照课程单元或课堂讲授的不同概念确定复习期限，这样你才可以根据预定的日期来安排自己的复习进度。

要经常问“为什么”

小刚有一个爱提问题的表弟，名叫小竹。小竹开口闭口都是“为什么”。

小竹小的时候喜欢缠着小刚玩，他见到什么就问什么：“表哥，为什么鸟会飞呢？”“为什么太阳要落山呢？”“为什么天空有的时候是灰色的，有的时候又是蓝色的呢？”……

有些问题小刚知道答案，有些问题则让小刚听得发蒙，天哪，怎么会有这么多“为什么”啊！

小竹上学以后，依然是一个爱提问的学生。

小竹真的有非常多的问题，而且只要有不知道的事情或有任何疑问，他绝对不会略过，比如：“声音是怎么来的呢？”

“为什么要下雨呢？”

“月亮为什么渐渐缺了之后又渐渐变圆呢？”

老师常常被小竹一连串的问题问得手足无措，不知该如何回答，小竹有时也问些与课程毫不相干的事情，对不是很重要的事情提出质疑，对理所当然的事也怀着幻想。同学们给小竹起了个外号叫“为什么”。

有些老师认为这个“为什么”是存心捣乱，上课时不安静听课，专门提一些稀奇古怪的问题，扰乱课堂秩序。

但就是这个让人头疼的“为什么”，做了一件令人大吃一惊的事情。

有一天班会上，班主任走进来，笑眯眯地说：“今天老师要向大家宣布一个好消息。”

教室里一阵骚动。

“我们班的何小竹在本省的‘中学生科技知识竞赛’中获得了一等奖，我们一起鼓掌祝贺他吧！”

大家都张着嘴巴，非常惊讶。片刻之后大家用力地鼓掌，要求小竹上台讲讲心得体会。

小竹上台，不好意思地挠着自己的后脑勺。他说：“谢谢老师和同学们，真是没有想到我能获得一等奖，感谢老师和同学们平时对我的帮助。我只是把自己的想法和以前所学过的知识记下来而已。其实我经常对很多事情产生疑惑，当我的心里产生疑惑，却懒得去寻找答案时，喉咙就会痒痒的很难受，好像我的喉咙里有个随时准备溜出来的问号……”

同学们听了，都因为小竹的幽默哈哈大笑起来。

⊙ 有疑问要“速战速决”

经常提出疑问有助于记忆。再难记住的东西，经过人类大脑再三地强记，最后还是能够记住，但是这种强迫自己记忆的知识是不牢靠的，没过多久就又忘得一干二净，产生不了很大的效用。

但是如果不断有疑问，就会促使你不断地去寻找答案，而所需要记忆的知识，也能因为深刻的了解而记得牢固。

有些学生在课堂上总有问题要问，而另外一些学生则刚好相反，总是沉默不语。

老师向很少发问的同学询问：“为什么不发问？”

绝大部分的学生都回答说：“我不知道该问些什么。”

这种连该问什么都不知道的学生，不论上什么课，对老师讲课的内容一定是似懂非懂，只能在迷迷糊糊中打发那一堂课的时间。

其实，发问并没有好坏的分别。刚学着发问的时候，不必拘泥于“应该问得漂亮”，可以从小小的疑问问起。一旦养成发问的习惯，日子久了，你自然就会觉得该问的问题实在很多，而问得越多，学习的兴趣也就越浓了。

你不妨与几个同学组成一个“疑问交换小

组”，和同学们互相切磋、思考和讨论。如此一来，你不但可以从中发现一知半解的事情多得超乎想象，而且可以通过讨论，去获得一个比较满意的答案。

另外，在看教科书的时候，如果遇到你认为很重要的地方，就用红笔画线，遇到不了解的地方，就用蓝笔画线。对画出了疑问线的地方，就要找机会向老师或者同学请教，或查看参考书，务必做到扫除疑问。这样一来，对于这些知识的整理才算完整无缺。

在上课过程中或上、下学途中，忽然想到的疑问都要立刻拿出备忘小册，趁还没忘记的时候将它记录下来，然后设法尽快解决它。

要知道，疑问在刚想到的时候可真是“新鲜无比”，如果存放过久，就像泄了气的气球一样，魅力尽失，发挥不了什么作用的。

通常学生总是羞于向老师开口提问。很多经验丰富的老师都说，经常提出问题的学生，应用能力总是超人一等，也最有可能考第一名。这些学生，平时看起来似乎领悟得较慢，但是在实力测验或模拟考试的时候，就会发挥出惊人的潜能，拿到优异的成绩。

反之，那些平时不断点头，好像什么都懂的学生，一碰到实际的应用问题就难以应对，考不出好的成绩。

发问绝不可耻。遇到问题一定要直接向老师或同学请教，因为这才是解决疑问的最直接的办法。

⊙尽信书不如无书

明代有一位医生给病人开了一剂药，并开药引——“饴”。另一位名叫戴元礼的医生见到处方，十分疑惑：为什么要加饴做药引呢？他就问开处方的医生有何依据，那个医生理直气壮地打开一部医药书让戴元礼看，书上的确是这么写的。但这并没有消除戴元礼的疑惑，为了弄清真相，他翻阅了大量的医药书籍，发现在另一个版本的医药书上写的药引是“糖”。“饴”是糖的古代字，原来是翻版重印时弄错了，于是一场医疗事故得以避免。

这则故事告诫我们，读书时要有大胆质疑的精神，如果一切都按图索骥、照本宣科，就会犯和那个庸医一样的错误。古代著名学者陆九渊说：“为学患无疑，疑则有进。”明朝著名学者陈献章也认为：“前辈谓学贵有疑，小疑则小进，大疑则大进。疑者，觉悟之机也。一番觉悟，一番长进。”这些话都可以作为读书学习的箴言。

“质疑阅读”有以下几种具体方法：

一、独立思考，提出自己的观点进行质疑

所谓“质疑阅读”，是指在阅读过程中，通过思考发现疑点，进而通过探索、分析和研究来解决这些疑点。因此，开动脑筋，独立思考，提出自己的不同观点是质疑最基本的要求。可以说，不会独立思考，没

有自己的见解，就不可能提出疑问。德国地质学家李希霍芬是传统地质学派中对中国影响最深的权威人士之一，他曾写过一部被视为研究中国岸线正统理论的著作——《中国》。但是，中国年轻的地质学家陈国达对此书中的内容产生疑惑，他大胆地向李希霍芬挑战，对《中国》一书提出了一系列质疑。当时，尽管来自各方面的压力和打击都很大，陈国达仍然坚持自己的观点，把各种讥讽和嘲笑抛诸脑后，勇敢地走自己的路，终于在质疑过程中建立起一套系统完整的地壳构造演化新理论。可见，独立思考，提出自己的观点在质疑过程中具有多么重要的意义。

二、旁征博引，引用他人的观点进行质疑

由于每一个读者的知识储备都有一定的限度，在读书的过程中，有时看不出问题，有时抓不准关键，有时甚至产生了错误的质疑，即使看出并抓住了疑点，那也仅仅是质疑的一个方面，因为紧随而来的还有如何正确释疑的问题。因此，读完一本书，在提出自己的观点后，看看别人是怎样质疑和评价的，再将其与自己的观点加以比较是大有益处的。古人说过："仁者见仁，智者见智。"同样一本书，不同读者的评价经常是不一致的。就拿《红楼梦》这部举世闻名的著作来说吧，单就喻意，就因读者的眼光而大相径庭："道学家看见淫，才子看见缠绵，革命家看见排满，流言家看见宫闱秘事……"（鲁迅语）对这些不同的观点，我们在看《红楼梦》的过程中，就应该持质疑的态度进行分析。

当我们对一些人的观点进行质疑的时候，就不能不考虑到各家的论点、论据和论证。质疑阅读，应该收集各种不同的意见，并把它们作为自己见解的借鉴和参考，但要注意这种借鉴和参考绝不是代替，独立思考毕竟是第一位的。

三、集思广益，展开讨论

不论是提出自己的观点质疑，还是旁征博引，用他人观点质疑，它们都是局限于书本知识的“静态质疑法”。为了更好地进行质疑，有时还应当采用“动态质疑法”，就是学友间互相切磋或展开辩论。因为这样做可以使疑点越辩越明，最终推导出让大家都信服的正确结论。我们在日常读书生活中不可能也不需要展开大规模的质疑，但是办些小型的读书讨论会，来探讨并辨析学习中的疑难问题，集思广益，共同解决，却是可以且应该做到的。

四、深入实践，通过实践来验证质疑

阿伯拉尔说过：“由于怀疑，我们就验证；由于验证，我们就获得真理。”“质疑阅读”的验证不仅表现在书本上，更重要的是将书本上发现的疑点带入实践中，在实践中作出判断。

科学家伽利略在意大利比萨大学担任青年教师的时候，在阅读亚里士多德的著作时，对书中所说“落体的速度与落体的重量成正比”这句话产生了质疑，因为他经由钟摆的实验发现，在忽略空气阻力的条件下，落体的速度与重量无关。他带着这个疑问向老师请教，却遭到老师的训斥：“亚里士多德是我们的先哲，对他的话要坚信不疑，否则就

是背叛！”但伽利略并没有被吓倒，为了更加有说服力地证实自己的观点，他亲自在比萨斜塔上进行了轰动世界的“自由落体运动”实验，通过实践质疑，纠正了亚里士多德流传一千多年的“定律”。

这个例子充分说明：实践是公正无私的法官，实践有着广阔无垠的天地，通过实践质疑，必将使我们的知识踏上正确的轨道，并在此轨道上产生新的飞跃。

轻松考试有秘诀 3

⊙ 考前复习的“七忌”与“六要”

考试前的复习要注意“七忌”，所谓“七忌”是指：

一忌：复习无计划。中学阶段考试的科目多，知识范围广，因此复习时应有一定的计划。可是有不少同学复习时没有计划，盲目而随意地东翻西看，所以常常复习不到重点，以至于因为考试时答不上题而追悔莫及。

二忌：临阵磨枪。复习功课贵在坚持、及时和反复，宜早不宜迟，更不宜“临时抱佛脚”。尤其是考试前的总复习，时间紧而任务重，如果不注意及时复习，总认为“来日方长”“车到山前必有路”，那到考试时就为时已晚了。

三忌：没有重点。复习应当抓住各门功课的重点、难点、特点和疑点，集中力量打“攻坚战”，解决“拦路虎”。可是有些同学在复习过程中却“胡子眉毛一把抓”，分不清主次，虽然面面俱到，但没有抓住重点，遇到疑难问题常常解决不了，复习到的知识也比较杂乱，缺乏系统连贯性。

四忌：贪多求快。复习功课一定要在“质”“量”并重的前提下循序渐进，可是有的同学却一味贪多求快，“想一口吃个胖子”，这样只会“欲速则不达”。

五忌：题海战术。复习功课免不了要做题，而且做题的数量可能比平时要多一些，这是理所当然的。但有些同学却做过了头，整天埋头解题。从两眼一睁一直忙到熄灯，复习试题、仿真试题、综合试题，做得眼花缭乱，学习效果自然不佳。

六忌：滥用参考书。有不少同学没有真正弄清楚教科书与参考书之间的关系，弄得喧宾夺主、本末倒置。随着出版业的发展和人们对科学文化知识重视程度的不断增加，各种复习资料铺天盖地，但大部分都是重复编写，而且质量良莠不齐。因此在购买时应精挑细选，每门课最多选择一两本质量高、真正具有参考价值的参考书即可，切不可滥用，否则不但浪费钱财，耗费精力，而且对学习有害无益。

七忌：劳逸失度。有些同学考前复习时废寝忘食，半夜睡、五更起，虽然精神可嘉但做法很不可取。面临考试时的繁重任务，更应该劳逸结合，保持适当的娱乐、休息和睡眠。

在复习的过程中，也要注意考前复习的“六要”，所谓“六要”指的是以下几点：

一要：有计划性。复习时制订出计划，什么时间复习什么内容，采用什么方法，要达到什么目的和要求，都应做到心中有数。这样才能增强复习的自觉性，减少盲目性和随意性。

二要：有及时性。德国心理学家艾宾浩斯提出了遗忘的规律是“先快后慢”，也就是说，刚学过的知识在最初几个小时被遗忘的速度很快，两天后就变得缓慢了。根据这一遗忘规律，复习一定要及时，要趁热打铁。

三要：有针对性。复习要针对个人和教材的实际情况来进行。针对个人状况而采用自己得心应手的方式和方法；针对教材的内容，彰显重点并突破难点，消除疑点并掌握特点。

四要：有系统性。复习时应把教材知识系统化，编制成“知识树”，或者在老师的指导下列出复习提纲，按提纲进行系统复习。

五要：有趣味性。复习如同练习一样，都应避免机械重复。采取有趣的方法刺激求知欲，让自己乐学不倦。

六要：有多样性。打仗时为了歼灭敌人，必须集中优势兵力，把步兵、炮兵、侦察兵、航空兵等全部动员起来，对准一个目标，稳、准、狠地进行攻击，才能获得胜利。在应考时就要运用自己的眼、耳、口、脑、手等器官，在大脑皮层中建立多方位的信息联系。复习方式多样化，能使复习的效果大大增强。

自动自发地学习

先来看一则故事。想一想，飞飞与班级成绩第一名园园的学习态度究竟有什么不同？

“飞飞，别看电视了，去写作业！”妈妈从厨房里走出来，不停地催促，她的声音已经有点不耐烦了。

飞飞正津津有味地观看一部古装电视剧，听到妈妈的催促声

后，生气地“哼”了一声。

飞飞“啪”的一声把电视关上，赌气说道：“一天到晚就知道催我学习学习，你烦不烦哪？真是唠叨！”然后“砰”的一声猛地把门关上了。

“听到妈妈唠叨的声音，就心烦，什么书也看不下去了，真是扫兴！”飞飞趴在书桌上想着。

这时突然传来开门声，爸爸板着脸站在门口，说：“你这孩子，怎么可以这样跟妈妈说话！妈妈叫你写作业，是为你好！你平时学习不自觉，每次都要我们亲自监督才会学习。我们白天要上班，晚上还要督促你，你竟然还抱怨，真是不懂事！”

唉，爸爸也开始唠叨了起来。

飞飞觉得好难受，说：“好啦，我错了，下次我自己会主动做功课的。”

飞飞感觉自己的家像一个牢笼，每天回到家里都要受到“唠叨”的轮番轰炸，于是他放学后再也不想立刻回家了。

“不知道其他人是不是也和我一样，每天生活在令人烦躁的唠叨声中呢？唉！”飞飞在教室里慢腾腾地收拾东西。

“飞飞，这么晚了还不回家啊？”

飞飞扭头一看，原来是学习成绩第一名的园园。

“这就要走了。”飞飞无精打采地说。

“怎么啦，飞飞，你好像有心事？”园园关心地问。

飞飞摇了摇头，忽然对园园的生活产生了好奇。

“园园每次考试都是第一名，她怎么这么会学习呢？为了考第一名，她是否要听比我多十倍的唠叨呢？或者她的爸爸妈妈一点都不唠叨？”飞飞觉得很纳闷。

“飞飞，要不去我家吧，我们一起学习？”园园邀请飞飞。

“好啊，我正想去看看呢。”飞飞高兴地回答道。

到园园家后，飞飞发觉屋里一个人也没有。

“你爸爸妈妈不在吗？”飞飞疑惑地问园园。

“是啊，爸爸很晚才能回来，妈妈上晚班，所以晚上不会在家的。”

“原来是这样啊？园园，真羡慕你，不需要听爸爸妈妈的唠叨了！”

“唠叨？我宁愿听一堆，也不要爸爸妈妈不在家里。”

“那么，我们干脆交换好了！”

“什么啊？哈哈哈。”两人互相打闹，哈哈大笑起来。

“好像电视连续剧开始了，我们看电视吧！”飞飞一边说着，一边去找遥控器。

“我看我们还是先复习一下今天上课学的内容吧。”园园说着就打开书包翻课本。

“复习什么啊？难得你爸爸妈妈不在家，要不我们玩跳棋吧！”飞飞一直在煽动园园。

“我看这样不好，现在是学习的时间啊！要不你先一个人玩一会儿，好吗？”

飞飞自讨没趣，打开电视，又看了园园一眼，他问：“你爸爸妈妈规定你这段时间必须学习，是吗？”

“不是，是我自己喜欢的缘故。”园园摇摇头，说。

“你自己喜欢？”飞飞真的不明白了。

“是啊！对于不得不做的事情，与其让别人催着你做，还不如因为自己喜欢而去做，这样才对自己有帮助。”

回家的路上，飞飞想了很多。也许园园说得对，只有自动自发地去做一件事情，才会做得让自己和别人都满意，才有可能取得成功，这也许就是园园学习比自己优秀的秘密吧。

轻松考试有秘诀 1

⊙ 学习就是主动地发展自己

学习就是发展自己，或者说，学习的目的在于使自己得到发展。通过学习，我们的知识和经验大幅度地增加了，我们的才智得到充分的发挥，我们的精神得到高度的升华……这是多么令人振奋的事啊！

实现这种发展有多种方式。你可以独自看书，你可以遍访名人奇士。然而，当你把目光投向高远之时，不要忘记了先仔细搜寻自己的周围。你会发现，你的老师有着促使你不断进步的巨大推动力。对学生来说，在师生交往中学习、主动地发展自己是最直接、最简捷，也是最有益的方式，而这往往是同学们极容易忽视的。

法拉第年轻时在一家店铺做学徒，他一直对化学很感兴趣，但却很难有机会得到老师的当面指导。一天他得到四张票，可以去听化学教授戴维的讲座。他走进了课堂，整整四个晚上，他屏息凝神，飞快地记录。一天又一天，他不仅记下了实验的过程，也记下了戴维教授所有的仪器名称……而且还作了许多补充，最后整整记了四个大本380页的笔记。法拉第将自己全身心地投入到戴维的课堂中，同时，他还通过笔记表现出自己独特的思考和严谨的作风。正是这本笔记使戴维对法拉第有了深刻的印象，他破例聘请法拉第做自己实验室的实验员，这才使法拉第有机会迈入科学的圣殿，成为一名化学家。

由此可见课堂学习的重要性，因此，我们要正确地对待课堂学习。在课堂学习中，我们学到的不仅是知识，还有一些学习方法，这些都会大大地提高我们的学习能力，使我们终生受益。

所以对学生来说，学习就是充分发展自己，而课堂教学为学生提供了最有利的条件。我们应当充分珍惜课堂学习的机会，自动自发地学习。

什么是自动自发？自动自发就是在没有人要求和强迫的情况下，自觉并且出色地做好自己的事情。

很多家长已经习惯了这样催促子女：

“快去学习，怎么还有心思玩啊？”

“都快中考了，怎么还不抓紧时间看书？”

“好孩子，求你至少去读一个小时的书吧！”

……

其实，诸如此类的“学习！快点学习去吧！”的忠告并不能产生多大的效果。因为学习是学生自己的事情，外界的催促和逼迫并不能产生根本性的作用。

学习不能靠别人的督促，而要靠主动要求进步的心态和求知欲。许多学生在学习时被人催促，可能会产生逆反心理，不听家长的劝告和要求，不想做老师布置的作业。这种情况下，学习通常都是在迫不得已的情况下完成的。这样一来，学习效果自然不会理想。

事实上，没有比做作业更好的复习方式了。与其被逼着做功课，还不如主动积极地学习，这样有助于巩固基础。

让父母不再为了催促你的学习而啰嗦，也不需要靠别人强迫才能自律，以后做作业和复习功课，甚至连预习也都能自动自发地做好，这不但能培养独立自主的能力，同时也能提高学习的成就感。

记住：没有第一名是被强迫学习而得到的。

⊙ 重视基础知识复习

基础知识是知识体系的根基，是分析问题、解决问题的要领和工具。对基础知识理解得越深刻，掌握得越牢固，就越容易解决问题。基本的知识弄懂了，不仅可以巩固并深化已学过的知识，还能打好解决复杂问题的基础。

在复习基础知识的过程中，一定要重视理解，避免死记硬背，不论是文科还是理科，都要从理解入手。只有真正理解了所学的东西，才可能深刻、牢固地掌握，才可能在实际中加以活用。死记硬背学到的知识则不易消化，容易遗忘，也很难在实际中运用。

在老师的具体指导下，按复习纲要分单元逐一剖析思考，并穿插做一些中等难度的综合练习题。在基础知识和基本理论方面，要抓住重点知识，并找出各部分知识之间的内在联系，从而比较系统地掌握知识；在基本训练方面，要针对同类型的综合题进行重点练习，力求举一反三、触类旁通，以达到发展思维、开拓思路的目的；在练习运用知识方面，要系统地整理过去做过的练习题，力求找出解题规律和各种类型练习题之间的联系。然后在学校老师的指导下做一些考试模拟练习，或参加模拟考试，为应考作好各方面的准备。

第2章

健康，才能走得更远

健康的身体和良好的精神状态是保证考试成功的重要条件。
因此你要使生活规律一如既往，
保持充沛的体力、清晰的头脑、平和的心态，
来增强考试的信心，从而在考场上取得最大的成功。

保持充沛的精力

因为要考试了，所以这几天教室里格外安静，同学们都埋头苦读，再没有人说笑，也没有人听歌或吃零食，甚至在课间休息的时候，也没有几个人走出教室去活动。

班主任李老师看到学生们这么刻苦，觉得很欣慰。但同时他也有些担心。就在快下课的时候，他对学生说：

“大家不要老坐在那儿看书，也应该出去活动一下。”

“老师，现在是关键时期，我们要抓住每分每秒，怎么还有心思去活动呢？”

“那你们一直坐在那儿复习，不觉得累吗？”

“不是有一句话说‘脑子越用越好使’吗？”

李老师听到这话笑了笑，说：

“其实，大脑使用过度，也会适得其反，导致‘脑过热’。当‘脑过热’时，再继续伏案学习，就没有什么效率了。”

李老师又接着说：

“实践证明，在学习过程中，学生的注意力一般能保持40分钟。超过这个限度，注意力就会下降，学习效率也随之逐渐降低。所以，为了学习更有效率，最好以40分钟为一个时间段，其间休息一会儿，调整一下情绪，再继续学习。这是保持注意力的最好方法。你们还不出去休息一下？”

好身体 好成绩 1

⊙ 学习时也要注意休息

学习时一定要有休息的时间，不然只会让效率变差，学得既辛苦又记不住知识点。

据说爱因斯坦在研究的空闲时间，经常拉小提琴、演奏乐曲，不但可以通过听音乐达到放松，还可以活动身体。

人的专注力是有一定时间限制的，既要长期记忆，也要给头脑一点喘息的时间。长期向头脑中填充太多东西，只会令它更快疲惫而已。

一般在学习时，青少年专注力的持续时间大约是四十分钟，成人则约为五十分钟，若是超过这些时间，注意力就开始无法集中，会有吃力的感觉。这时就要站起来走一走，适时地休息，才更能集中注意力学习，也会把所学的内容都消化和记住。

在安排学习时间时，一个礼拜中最好能有一天休息，整天都可以不学习，等休整好了，隔天再好好地学习。

因为每天持续地学习，会很容易让人觉得疲倦，若能适度地休息，就会学得比较起劲，才会更有效率。

人天生有惰性，休息太久时，惰性就会出现，有了想休息的心思后，接下来想再学习时心情就会很难恢复。

所以休息也要有一定的限度，一味地觉得休息就是好，也是不正确的想法。

整个晚上的学习时间是一个整体，以十分钟的休息时间来作切割是最好的，超过十分钟的话，就会让心收不回来，完全不休息又会让学习成效不佳，所以要有适度的休息时间，不太长也不太短，让自己有精力再继续努力。

在学习的过程中，如果真的很困时，不妨趴下小睡片刻。小睡一下

会让自己更有精神，若是硬撑着读下去，只会让自己读得很有压力，而且也不一定有效果。

中午时分，是白天最想睡觉的时候，若能小睡一下，下午跟晚上都会更有精神。中午熟睡十分钟，可以换来晚上一个小时的好精神，若能睡上二十分钟，晚上就能多两个小时有精神地学习，这样算起来真是很划算。

有时候，在回家的途中也可尽量利用时间休息，不必在车上学习。

车中是不稳定的，学习却又一定要让眼睛的焦距集中在书本上，周围的晃动就会让大脑产生错误的信息，而产生头晕的感觉。所以不如趁这时间多休息，在休息后，更有精神学习。

在上学前，能在车上养足精神，上课时就会很有精神；回家前能在车上小睡一会儿，则会有更多的体力学习，总比在车上读十分钟书，眼睛累、头又晕，一回到家就要呼呼大睡要好。所以，坐车的短暂时间，也是很好的养神时段，有好精神才能充分吸收所学的内容。

好身体好成绩 2

⊙ 要学会放松

走路是很好的放松方式，若是读不进去书的时候，就可以离开座位走一走。

在走路的时候，全身的肌肉会得到放松，也会有较舒服的感觉，当感觉到舒服时，也会有帮助记忆的效果。

在走路的时候，也可以想些美好的事物，也可以深呼吸，或是思考一些坐下来学习时想不出来的问题，放松时，其实是很好的解题时刻。

学习和心态有关，若是心中有自己就是读不好的感觉，每次一拿起书，就会有读不好的恐惧感，那把书读好的可能性也就降低了。

真有读不下去的感觉时，不如就走一走吧！说不定有意想不到的好效果。

在学习累了时看一下窗外，会让自己得到短暂的放松，也会让头脑有休息的时间，头脑有了片刻休息后，再学习的效率当然也会提高。

每隔四十到五十分钟一定要让眼睛离开一下课本，看一下窗外，这样就不会太疲劳，也不会没过多久就累得想睡觉。

人体内有一个自然的机制，累了就会想要躺下来，让身心都能好好地休息，若能适时地让眼睛和大脑休息一下，会换来更长的学习时间。

就算窗外没有美丽的风景，摆一盆花欣赏也好，让眼睛能有短暂的休息，会有比较好的学习效果。

⊙ 要学会如何减轻负面情绪

学习难免会有焦躁的时候，这时可以利用一些小玩意来减轻压力，例如手中可以摆弄一些小东西，这样的小动作，对焦躁的心情会有稳定的作用。比如，可以在手中摆弄一些小弹珠，来帮助稳定心情，让自己可以安坐在书桌前学习。

古人也常会在手中放一些水晶或圆形的玉石把玩着，就是为了稳定情绪，让自己的表情可以保持平和，不得罪他人。

有一个学生习惯在学习时甩笔，刚开始的时候甩坏了很多的笔，后来却练成了现在左右手都会甩笔的“甩笔好手”。

他发现每次遇到需要思考的地方，他的手就会不自觉地在甩笔，而且会越甩越快，等到想到该如何做时，手也就自动地停下来。

他的父母很难理解自己的孩子为何会甩笔，每次他一甩笔，父母就会说：“书都已经读不完了，还有时间这样玩，又不是以后要去参加马戏团表演。”其实，甩笔是在分散他那焦躁的情绪，也在帮助他思考。

有些人在学习的时候想着别的事情，而在玩的时候又牵挂着学习，结果学得不好，玩得也不尽兴。其实，学习固然很重要，但是在玩的时候就要尽情的玩，这样才是真正会学习的人。

有些人不太了解这个道理，也做不到这

点，因为他们认为自己花了全部的时间和精力都拿不到第一，怎么还有时间去玩？

其实观察一下那些成绩优秀的学生，就会发现，他们在休息的时间里都是玩得最投入、最痛快的人，而一旦到了学习的时候，他们总是专心致志，任何其他的事情都无法使他们分心。

所以，玩得痛快，学得专心，才能有效提高学习效率。

在紧张、繁重的总复习之后，头脑会极度疲劳，体力上也会有极大的消耗，最好能在考试前好好休息三五天，进行适当的运动，并保持充足的睡眠，使身体能得到短暂的休息。这样临考时才能精力充沛、精神振奋，不但遇到一般问题能驾轻就熟，就算遇到难题，顺利解决的几率也会大大提高。这就好比运动员临赛前一定会好好休息，调整好身体状态，以创造优异的成绩。这是从无数正反两面的经验教训中总结出来的规律。

此外，要避免考前“开夜车”，因为那将造成意想不到的损失。考前的充分休息，表面上看来是浪费了一点儿时间，但事实上在考试时反而会更有收获。相反，若是考前“临阵磨枪”，表面上好像是争得了时间，但由于过度疲劳，反而会给考试带来损失。那么临考前应注意些什么呢？

第一，临考前注意饮食卫生

有位科学家说：“智能是吃出来的。”这话似乎有些夸张，但临考前供给大脑足够的营养是非常必要的。

饮食安排的原则是：能提供人体所需热量，并且清淡、鲜美、可口，易于消化和吸收，而且是自己想吃、愿意吃的食品。切记不能暴饮暴食，吃七八分饱即可。

第二，保持规律的睡眠

养成规律的睡眠习惯是最关键的，尤其在临考前的夜晚，入睡困难是极为常见的，这时首先应该告诉自己：考前少睡一两个小时并不会给考试带来严重影响，大可不必为此而焦虑不安。其次，为了能够尽早入睡，可以试用这种方法：舒舒服服深吸一口气，然后慢慢地呼气，如此重复多次。

另外，每天吃完中午饭后，可以小睡半个小时，但不要超过半个小时，这样既可达到休息的目的，醒来时也能很快恢复清醒。

一些学生有熬夜的习惯，相信他们都知道熬夜的苦不堪言。快要考试了，要记忆的东西很多，平时又没有很好地巩固知识，这个时候恨不得一个晚上就把所有的内容都记住。真的已经很困了，可一想到考试，马上又打起精神来。就这样，漫漫长夜，不断地喝咖啡、喝茶，熬啊熬……

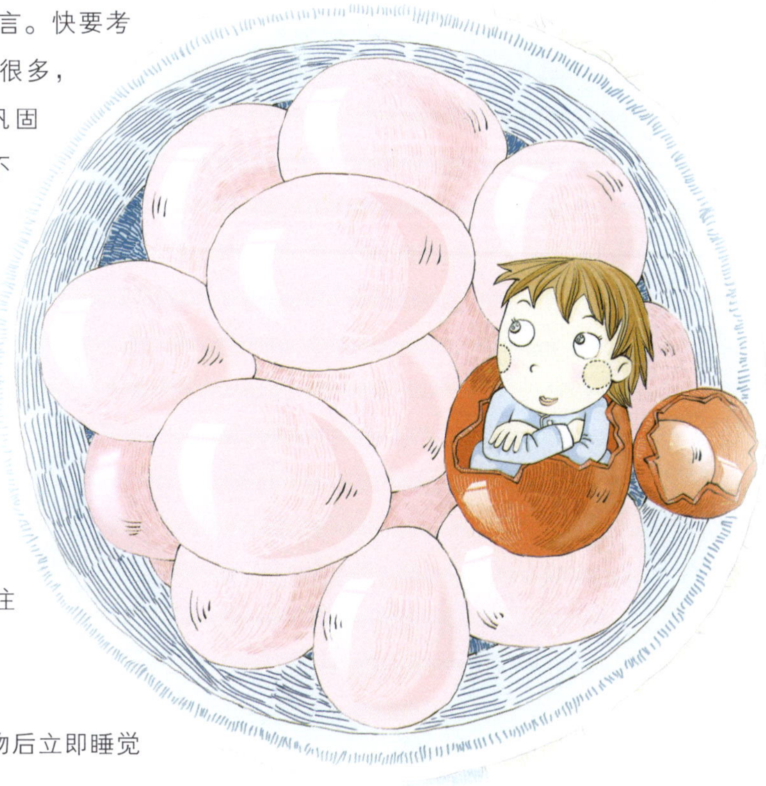

但是熬夜真的记住了很多东西吗？

回答是否定的！

因为，在记忆事物后立即睡觉

的两个小时内，所记忆的事物会逐渐被遗忘，可是，两个小时之后，便不会继续遗忘。

但是，如果记忆事物后一直不睡，那么所记忆的事物将会不断被遗忘，即使过了8个小时，遗忘仍会继续进行。

也就是说，熬夜的过程，其实是一个不断遗忘的过程。

由于睡眠不足，大脑昏昏沉沉，因而熬夜的时候是睡眼惺忪地去阅读、去记忆，但效果其实非常差。

有关专家做过实验证明，如果不熬夜就记下了5件事情，然后去睡觉，睡眠中可能忘记了1件，到第二天早晨却还记得4件。如果整夜熬着去记下10件事情，但因为没有睡觉而导致大脑不清醒结果忘了8件事情，只剩下2件还记得。

另外，睡眠不足会引发一些后遗症，如白天嗜睡、情绪不稳定、忧郁、压抑、焦虑、失去应变能力、免疫力降低、记忆力减退、失去逻辑思考力、理解能力降低、学习效率下降等。看来，熬夜真是一件得不偿失的事。

专家们已经证明，良好的睡眠其实可以帮助你提高学习效率。因为，在睡眠的时候，我们的大脑并不是完全停止工作进入休息状态，还有一部分大脑细胞在悄然勤奋地工作着。

良好的睡眠不仅可以使大脑得到休息和放松，还可以帮助你整理白天学过的知识。有时你会惊奇地发现，头一天整理得不太清晰的学习内容，到了第二天早晨，竟然已经想通了。

良好的睡眠还能加强对当天学习

内容的记忆。睡觉之前，如果你轻松自然地把知识点在大脑中过滤一遍，第二天会记忆得更清楚，长期坚持，还可以建立长久牢固的记忆。

另外，睡眠是对大脑最好的保养方式。你知道吗，人如果不吃饭，能活20天；如果不喝水，能活7天；可是如果不睡觉，只能活5天。所以，有睡眠，才能有健康。为了更好地学习，你每天至少要保证7个小时的睡眠。

睡眠对健康、学习、生活都有如此重要的作用，所以，我们一定要保证充足的睡眠，提高睡眠质量。

同样是睡眠还有“质”和“量”的差异。有时在床上躺8—9个小时，还不如深睡5—6个小时的效果好。所以为了保证睡眠质量，我们要注意以下几点：

(1) 生活要有规律，严格遵守睡觉和起床时间。

(2) 晚餐不要吃太饱，水也不能喝太多。

(3) 睡眠前不要从事一些容易引起兴奋的活动，如看武打片、恐怖电影、听摇滚音乐等。

(4)睡前不要吃东西，特别是不要喝咖啡和浓茶，但可以喝一杯热牛奶加一点蜂蜜，或一杯加有少量食醋的凉开水，以帮助入眠。

(5)睡前要上厕所。

(6)睡前最好用温水泡一下脚或洗个温水澡，可以起到促进睡眠的作用。

(7)枕头不宜过高。过高的枕头会使颈项部的肌肉紧张，通往大脑的血液循环不畅通，第二天会昏昏沉沉，头涨脑痛。

若你上床后30分钟仍然无法入睡，或是半夜里忽然醒过来，不妨干脆下床，走出卧室，在黑暗中坐一会儿，或是读点轻松的书，听点轻快的音乐，甚至做点简单的家务，以便放松神经，那么，再次上床时也许就较易入睡。

进行适量运动

安排好规律的日常生活秩序，将复习、运动、休息、营养、睡眠五个方面科学地结合起来，妥善安排。因为这五方面会互相联系，互相影响，对备考期间体质的改善及效率的提高有重要的作用。因此在努力复习、保证适量运动的同时，还应该尽可能保持固定作息时间和充足的睡眠，并进行一些适当的娱乐活动，如看电视、听音乐、唱歌、跳舞等，使紧绷的神经有放松的机会。另外对营养饮食也要加以注意，切不能为了争取更多的读书时间而缩短吃饭时间，要摄取均衡的营养。

进行适量的运动对学生来说特别重要，在平时的上课过程中许多学生爱犯困，有的学生甚至在课堂上睡着了，面对这样的问题，让我来教教大家应该怎么做才能克服这些问题。下面我给大家讲一个具体的事例，希望同

学们可以从中有所收获。

李建同学不仅是瞌睡虫，还是迟到大王，他总是疲惫不堪，匆匆忙忙地赶来学校，而且常因忘记带上课用的书本而被老师责备。

但是不知从何时起，李建既不迟到，书本也带得非常齐全，上课的时候总是精神抖擞，还不时地提出问题。

张老师觉得实在是不可思议，就问李建：

“李建，你最近变了很多，既不迟到，上课也不打瞌睡了，你为什么一下子会改变这么多呢？”

“呵呵，这都是我爸的功劳！” 李建挠挠头，有点不好意思地回答。

“你爸是不是每天早上都叫醒你，也帮你准备书本呢？”

“不是啦！我是跟着我爸一起去运动。”

“运动？”

“是啊！一大早跟我爸去公园锻炼！”

“原来如此啊！李建，班会上给其他同学介绍你的经验吧！”

“没问题，老师！”

每天早上跟着爸爸去运动，竟然让爱睡又常迟到的李建改头换面。像李建一样，早上早一点起床，呼吸新鲜的空气，活动筋骨，就这样开始新的一天，不但会全身舒畅，而且心情愉快。

我们的身体在迎接早晨后，能开始充满活力的一天。我们的脑袋也是如此，晚上精神疲惫地学习，不如利用一大早的时间呼吸新鲜空气，顺便花一点时间学习，不但事半功倍，更可以提高记忆力。

一日之计在于晨，养成早晨运动的习惯，你会有轻松愉快的一整天，何乐而不为？

进行适量的活动可以让我们的身体素质越来越好，也可以帮助我们克服上课犯困、想睡觉的毛病。这样一来，上课的时候我们就可以学到更多知识，等到考试的时候我们就可以保持轻松的心态了。

好身体好成绩

1

⊙ 好身体是锻炼出来的

健康的身体是锻炼出来的，大家都知道健康的身体是学习的前提。为了拥有健康强健的体魄，要选择适合自己的运动。适当的运动不但能保持身体的健康，还能促进个人的活动力，有助于精神上健全的思考。

身体虚弱时，只要念一点书，就容易感到疲惫；失去健康时，想要做任何事情也无法完成。只有身体健康，才能很好地管理时间，并按照自己的计划把事情完成。

想要过健康的生活，首先就要吃各种食物，以摄取各种养分，特别是为了储备能量，要多多摄取糙米和杂粮等糖类食物，同时也要培养早睡早起的生活习惯，并试着找出适合自己的运动，最好选择平常就能自己进行的跳绳、慢跑、体操等运动。

不论任何运动，只要勤加练习，都能帮助自己保持健康。当然要注意到，如果运动过度，会造成疲劳，反而有可能会影响健康；若花费大量时间运动，没有顾及到学习和其他事情，也会适得其反，所以凡事一定要适可而止。

最后，要以平常心去努力锻炼，因为当心里感到平静安稳时，身体也会跟着感到舒适。

适当的运动是解除疲劳和烦恼的灵丹妙药。正处于紧张学习阶段的学生们，往往很少主动去参加运动，长时间的伏案学习后，脑细胞得不到充足的血液和氧气供应，容易出现疲劳，感到头昏脑涨，脑子不听使唤，学习效率下降。

这时最好停止学习，去作一些自己比较喜欢的体育运动，如跑步、打球等活动，这样不仅能从中获得快乐、解除大脑疲劳，还能调节人的心理状态，在运动中使内心的压抑和沉闷得以宣泄。

这对于患神经衰弱、失眠、抑郁等心理障碍的人来说，也是一种积极有效的改善和治疗措施，使人重新焕发活力。

一位世界级运动员曾经说过一句很经典的话：“当我的肉体疲倦时，我的精神也随之得到休息。”所以，我们应该适当地运动，锻炼出强健的体魄。

好身体好成绩 2

⊙ 调整到最佳状态

古罗马哲学家西塞罗说过：“心理的疾病比起生理的疾病，为害更为严重。”对考生来说，心理健康和身体健康同样重要。因为不健康的心理会对备考产生严重影响，并有可能阻碍考试取得成功。那么该如何调整考前的精神状态呢？

(1)了解自己和承认自己

正确地了解自己往往是很难的，要多向老师和同学请教，听取他们的建议，甚至是批评。但是仅仅了解自己还是不够的，需要进一步心平气和地承认自己的不足，全面接纳自己的优点和缺点，保持自我认识的完整与和谐。

(2)认识现实和面对现实

一个心理健康的人，做事和思考问题都应以现实为基础，而不是脱离现实，只有这样才能够面对真正的现实，避免一意孤行。

(3)保持昂扬的斗志

根据心理健康专家的看法，所谓士气就是一种经常保持独立自主的态度，也就是昂扬的斗志。拥有士气，人们才能乐观、勇敢，并有效地去面对各种困难与危机。对学生来说，要有高昂的士气才能高效率地学习，确保考试成功。在现实生活中，每个人都有“我并不比别人差”的想法，这种想法经过有意识地培养和提高，就可升华为奋发向上的斗志。也就是说昂扬的斗志、奋发的志向是人人都可经培养而形成的。

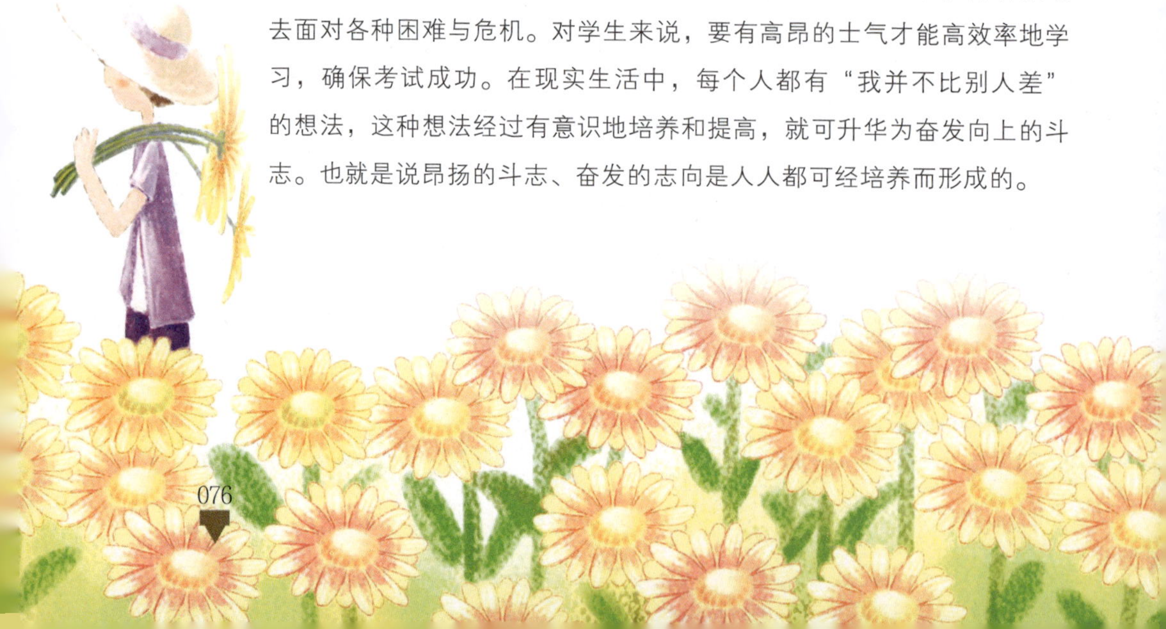

考试本身就具有一定的紧张度，再想到老师和家长的期望，又想到自己的理想，考试期间的精神压力之大可想而知，所以这时就不要再给自己施加压力了，因为在难以负荷的压力下是不可能考出好成绩的。

稳定情绪，从容应考

许多学生在考试的前一天晚上无法入睡，情绪十分紧张，如果遇到这种情况，不妨试试我教大家的小方法——听音乐。音乐具有令人惊诧的神奇作用。在你工作、劳动、学习之余，打开收音机或录音机时，那美妙的轻音乐可以使你心旷神怡；当你参加隆重的会议时，庄严的国歌、军歌奏响时，会让人感到热血沸腾，饱含了炎黄子孙的自豪感；当你在苦闷、徘徊的时候，几段抒情歌曲会帮助你驱忧遣愁。

音乐与大脑的记忆关系是相当密切的，主要表现在以下几个方面：

第一，陶冶情操

音乐的历史是源远流长的，我们中国自古就是一个音乐王国。古代教育家孔子就特别重视音乐教育。孔子说：“兴于诗，立于礼，成于乐。”他认为乐教是完成诗教与礼教的最终手段。

音乐的作用是从情感上去陶冶人，高尚的情操是引发人们积极情绪的基础，而积极的情绪是有利于记忆的。

世界上许多著名的人物都是音乐爱好者，音乐对他们的陶冶作用是不能低估的。著名科学家爱因斯坦对音乐就有着特殊的感情，他常把拉小提琴当做最好的消遣方式。

第二，调节情绪

因为音乐的旋律、节奏、音调、音色各有不同，所以能对人起到调节情绪的作用。在心情不好、情绪低落的时候，如果能听一段轻音乐，陶醉在优美的旋律中，就会忘记所有苦闷和烦恼，解除各种不良情绪的影响。

那么，音乐是怎样产生作用的呢？科学家们发现，人的听觉器官中的每一根神经只接收一种频率的声音，音乐是一定频率的声波振动，它被人体接收后，与人体内各个振动系统相吻合，于是产生共振，使各器官节奏协调一致。在共振的状态下，音乐能激发出人体的内在潜能，使身体某些部分由稳定的静态变为活泼的动态。

尤其是节奏感强、感情色彩鲜明的音乐更能起到使人兴奋、鼓舞的效果，从而使人能够安心学习，并增强记忆效果。

⊙ 保持旺盛的脑力

在各类大型考试，尤其是竞争激烈的考试中，考试的时间一般会长达两三个小时，考生需要长时间连续用脑，进行回忆、分析、综合、比较等思考活动，因此我们要保持旺盛的脑力来参加考试。

考试时心情要保持愉快、轻松。心理学研究证明，一个人在心情舒畅时，大脑细胞的活动会处于最佳状态，从事需要用脑力的活动也会成效显著。

连续用脑一段时间，如一小时左右时，在座位上活动一下手腕和身体的其他部位，休息四五分钟，让思维暂时离开考试，想想其他的内容，这样能使另一群脑细胞兴奋起来，让原来兴奋的细胞转入抑制状态。有节奏地转换大脑的兴奋和抑制，才能使头脑发挥最大的力量。所以说在考试中休息几分钟，就能有更多的收获。

考前和考试期间都要保证充足的休息和睡眠，这是使脑部由兴奋转为抑制，使神经细胞内消耗的能量得到充分的补充，并获得充沛精力所不可或缺的最佳措施。

还需注意的是，考试期间三餐一定要吃饱，多吃含高蛋白的食品，如鸡蛋、瘦肉、牛奶、豆类制品、鱼类等，以供给大脑足够的养分。

保持充分的自信

考试，特别是升学考试，是人生旅途上的重要一关。在这种关键时刻，出现一些心理波动的现象是很正常的，对大多数考生来说也是能够承担的，但如果考生过于敏感，或者家长期望过高，外界压力过大，则会使考生过于紧张。因此对考生而言，调节自己的心理状态，充满自信地迎接挑战是十分重要的。

充满信心是考试取得胜利的必要条件。自信心是指一个人对其自身能力、自我发展的肯定，是自我意识的重要组成部分。具有自信心是一个人自我意识成熟的一种表现，每个有上进心的学生都应当充满自信，只有充满自信才能发挥真正的实力；反之，若缺乏自信，怀疑自己的能力，遇到困难畏葸不前，就难以展现自己的水平。其实考试的竞争在一定程度上，也算是一种自信心之间的竞争。

可以适度地进行自我心理暗示，比如“我平时成绩很好，也好好复习过，一定能考好的”“我答不出来，别人也不一定能答出来”“题目深浅难易无所谓，反正难大家都难，易大家都易，机会均等”。这些自我暗示都能增强自信，稳定情绪，使自己迅速进入状态，集中精力沉着应考，创造出最佳心境，考出最好的成绩。下面几招教你如何消除考前的紧张与焦虑，安然度过考前的一夜，在考场上表现出积极的心态以便正常发挥自己的水平。

⊙ 消除考前紧张与焦虑

考试快到了，考生心中难免会紧张不安，甚至常常失眠。越是接近考试，就越要注意消除紧张心理，保持良好的精神状态。

临考前应该放松、缓冲一段时间，别把“弦”绷得太紧了，所谓“文武之道，一张一弛”。让大脑左右两半边交替着使用，多进行些健身运动，暂时不去想考试的事。

在临考前一周左右，如果还慌慌张张地忙于复习就不太正确了。此时，除了放松一下之外，主要应该从全局上对所学的知识来一次大检阅，从总体轮廓上将知识系统化，不要再钻研具体、枝节的

问题。

学会自我放松，考前心情切勿急躁。考试总是一科一科考下来的，急也没用，即使一点儿把握都没有也不要着急，不要在考前“开夜车”，“临时抱佛脚”。从复习考试的情况来说，考前一周基本上大局已定，不会再出现奇迹和变化了，在此时应巩固原有的成果，到考场上能把已掌握的知识水平正常发挥出来，就算是最理想的状态了。

⊙ 从容应考

“明天就要上考场”，对许多考生来说，这一夜是最不该失眠却也最容易失眠的。考前一夜若失眠，第二天精神欠佳，水平就难以正常发挥。因此考前的一夜一定要保证充足的睡眠，这就需要我们在平时就养成定时作息的习惯，久而久之会有一定的生物钟，不会轻易改变。此时的考生一定要保持心情愉快，忽视那些令人烦恼的事，安然入睡，摆脱失眠。

怯场是许多学生最不愿意发生但又最难以控制的问题。怯场会使正常的心智活动暂时失调或中断，使考生无法发挥原有的水平，影响考试的结果。克服怯场有以下两个方法：

(1)心情平静法

闭上双眼，轻轻地对自己说“放轻松，放轻松”，重复六次，并注意感受全身慢慢松弛下来的感觉，也可以全身用力缩紧十秒钟，然后突然放松。

在考试中突然感到慌乱时，会发现呼吸变得急促，这时可以把双脚打开与肩同宽，两手自然地放在膝盖上，双目微闭，深呼吸三四次，用腹部慢慢地吸气，气吸足后稍微屏住一下，然后慢慢地把气吐出。在呼气或吸气时，要拖长时间，缓慢而且深沉。

如果因思路中断而产生慌乱时，则可以对自己说“停”，同时紧握一个拳头。这样就可以中断原来的混乱思路，觉得情况好转以后，再迅速进入正常考试状态。

(2)自我暗示法

一般的做法是：立即停止答题，做些与答题无关的事或思考一件自己最感兴趣的事，以转移注意力，或干脆伏案休息，让心情平静一下。

拥有一个良好的心态

当我们以一种快乐的心态去学习时，势必会大大地提高我们的学习兴趣和学习效率。

为了使自己能对学习产生浓厚的兴趣，最好主动地从大量的学习内容中选出一个细节试着作进一步研究。因为这样会让我们产生一种对成功的体验，而这才是对这一领域真正兴趣的开始。

保持快乐的心态去学习的道理很简单，我们不需要在一夜之间就让自己对原本不喜欢的学科产生强烈的学习欲望，但我们可以从一些细小的环节着手，让自己逐渐找到这种喜爱学习的感觉。当学

习成为我们的生活中不可缺少的一部分时，在潜移默化中，我们学到了更多的知识，掌握了更多的道理，人生也就向前迈进了一大步。

培养学习的兴趣，带着兴趣去学习的过程本身就是快乐的。让快乐陪着你迈过一个个学习的门槛，跨越一道道学习的难关，那么你的人生必定会与众不同，因为快乐学习会让你变得光彩照人。

当我还是个贪玩的小孩子时，没有人告诉我学习是件有趣的事情，我也不知道学习需要什么兴趣。但是我从懂事时起，就觉得学习是很有意思的，这大概是一种天性吧！

尽管，我的学习成绩也很不尽如人意，但这丝毫没有打消我对学习的兴趣。即使父母会为我的学习成绩而苦恼，可是我并没有觉得自己无药可救，没有人会因此而说服我去放弃学习，因为，连我自己也无法说服自己。

也许你们会感到很惊讶，但事实就是这样，而且这种天性我们人人都有，只是或许你把它转移到其他事情上面；或许你会喜欢弄些小发明，这些绝对都是由你的天性所引发出来的。你不应该抱怨自己缺少学习的天性，尤其是看到别人对学习保持着浓厚的兴趣时，反而应该坐下来好好想一想：我的兴趣到底跑到哪儿去了，然后赶快把它找回来。否则，你很有可能就会走上一条学习的“不归路”——学习永远会被你排斥在心门之外。

每次和一些特殊性格的学生谈论这个问题时，我都会感到很困难，因为他们宁愿让我讲安徒生童话故事给他们听，也不愿我讲那些晦涩的理论给他们听。

经过一段时间的实验与研究，现在我终于有机会可以建议学生们记住这样一条简单的法则：强烈的求知欲望和浓厚的兴趣是学习的“前奏”，要想谱写出一首美妙的乐章，这种强烈的欲望和兴趣便如同“音乐细胞”一样不可缺少。

⊙ 快乐学习不言败

成功总会给我们带来快乐，但失败就必定预示着痛苦吗？答案是否定的。

据说托马斯·爱迪生做了近1000次的实验后，才发明了我们现在所使用的灯泡，有人问他："有没有因为那999次的失败而感到绝望呢？"他回答说："我从没有遭受过999次的失败，我只是发现了999种无法制造灯泡的材料。"

他的回答妙极了，失败的确没有什么可怕的，尤其是在成功向我们招手时。

我曾经是一个学习不太好的学生，可以说那时的学习成绩简直太差了。但我从不认为考试不及格就一定要失败或沮丧，要知道，失败与成功就像孪生兄弟一样，它们总是相伴相随。当老师惩罚我让我一只脚站在教室前做"展品"时，我还是觉得挺有趣的，换句话说，我总是在收获，从经验中收获。所以，我从没觉得自己所做的这一切事情是在白费力气。

在这里或许你会问："你这样自讨苦吃，感到幸福吗？你想不想放松自己的精神，坐下来让自己得到休息呢？"

那我会告诉你："如果你希望放弃这种与不愿意学习的企图所展开的不平等竞争，你就必须先学会用乐观的心态去发掘新的学习渠道。"

一旦我们发现自己的方法不灵验，我们就不再受到传统方式的约束，我们可以尝试任何自己喜欢的方式。要知道拒绝学习也不是一件轻而易举的事，因此我们没有理由觉得自己又蠢又笨，并在内心深处与我们的一切所见所闻争论不休，进而让自己越来越沮丧、悲观，最后将自己埋入一片“精神废墟”之下。

烦闷和压抑只能促使我们让自己觉得什么都学不会！快乐不需要理由，别忘了，面对失败的“威胁”时，你完全可以Happy一下！

快乐真的如此神奇吗？有不少学生曾这样问过我。等时间长了，我便从中发现了一个共同点：虽然这些孩子的成绩都很不理想，但是他们那种不懈的学习精神，多少还是让我有些感动的。虽然我从事了这么多年的心理教育学研究，但我还是觉得，诸如快乐与学习类的问题，这些朝气蓬勃的孩子们，自己本来就应该可以回答得很完美。

在一个阳光明媚的早晨，美国教育学家丹尼斯·乔登先生正在户外散步，这时从花园左边的小路走来一个年轻小伙子，他手里拿着一本厚厚的辞典。“你好，你是丹尼斯·乔登先生吗？”看起来小伙子似乎很高兴。

“噢！你是……你认得我吗？”丹尼斯·乔登回答。

“乔登先生，我的老师经常提到你的名字，后来我爸爸告诉我你常常到这附近来散步，他上周还听过你在纽约州立大学的讲座，而他的相册里还夹有你讲课的照片呢！对了，我爸爸他是一位小学教师。”小伙子干脆邀请乔登先生一同坐在附近的木椅上，并和他畅谈起来。

这个机灵的小伙子一开口便没完没了，乔登先生好不容易插了一句话：“那你今天为什么没有上课呢？”

“前天我的老师查尔斯又发脾气了，他总是说我没出息，现在我特别烦，事实上我背着母亲已两天没有到学校去了，你说我该怎么办呢？”小伙子说。

他们谈了很久，或许是乔登先生为小伙子解开了心中的谜团，或许是小伙子有所领悟，最后小伙子告诉他："见到你真好，乔登先生，现在我想明白了，学习本来就不应该成为心灵上的一种负担，虽然老师和父亲总是这样教导我，但以前我总觉得他们是有意骗我好好学习的，现在听你这么一说，我觉得轻松多了！"

在那之后，小伙子的学习成绩直线上升，成为名副其实的"数学王"。因为他找到了学习的感觉，时时给自己寻找学习的快乐，而不是让老师和家长将知识往自己的脑子里塞。记住了，这很重要：时时给自己寻找快乐，不要压抑自己寻找快乐的心，那么你将无往而不胜。

好身体 好成绩 2

⊙ 学习需要天真无邪

孩子们都是最天真无邪的，他们会因为一次不经意的批评而痛哭流涕，也会因一句漫不经心的夸奖而兴奋万分，最难能可贵的是他们那种很容易就满足的品性，使得他们总能在大人们的举手投足中寻找到快乐。

有一次我去朋友家做客，出来开门的是朋友三岁半的儿子，他一见面就问我："你知道卡里发生什么事了吗？"卡里？后来我才知道那是他家养的一只小狗。

"怎么回事？不是卡里病了吧？"我说，"不要难过，明天阿姨带

它去看医生。”

“不是的。难道您不知道，我的小卡里长大了呀！”说完他一蹦一跳地拉着我到他的狗房子前面，让我看看他的卡里。

这个小家伙着实可爱，听到这个故事，你会有什么样的感叹呢？为什么我们遇事总是会往坏的方面想呢？如果学习过程中能多一分童心，那么我们必将获得更多的乐趣，不是吗？

一个朋友的孩子从学校回来后，兴奋地告诉我：“我被评为‘学习小勇士’啦！”我起初怀疑他又在说谎了，但转眼瞧见他手里还有一朵小红花呢！这时我才开始意识到他真的成功了。

“好孩子，棒极了！”我高兴地拍了拍他的脑袋，“你们班上被选上的学生不多吧？”“老师说这次为了提高我们学习的士气，全班每个人都有‘小勇士头衔’！”他得意地答道。

至此，我知道自己又上了他的当了。不过我并没有因此而责备他，虽然他的成绩总是让老师感到头痛，但只要他快乐，只要他不讨厌他的学业、他的老师，这样我就心满意足了，因为我相信，终有一天，他会找到属于他自己的学习方式。

在如今这个充满奇妙色彩的时代，有很多奇妙的事都是能让我们感受快乐学习的良好素材，而我也相信，这样的学习对我们每个人来说，都是大有裨益的。

⊙ 学习不是一种负担

每当老师说要写作文，或是说要进行课堂测验时，常常可以听到一些学生的抱怨：怎么又要写作文、又要考试了，真是烦死人了！而我也常在报纸和杂志上看到一些关于学生学习负担的文章，它们大都在为学生们抱不平。但我认为这种想法是很片面的。

的确，学习势必会对一些学生产生压力，尤其是大量的作业、考试等都会给学生带来很大的精神压力，但这种压力应该成为一种负担吗？

当你的内心没有学习的动力时，你就会觉得学习对你产生了一种无法摆脱的压力和负担。但是，当你的内心产生一种冲动，一种求知的欲望时，你就会发现，学习其实是一种丰富自己、充实自己的过程，而不是负担。

也有人会说：“学习太辛苦了。”

的确，学习是一件非常艰苦的事情，但正因为它的艰苦，才更能让我们体验它蕴涵着的无穷乐趣。正如莎士比亚的一句名言所形容的：“世间的任何事，追求时的兴致总要比享受时浓烈。”牛顿沉醉于学习时竟忘了吃饭，这不正表明了学习所具有的巨大魅力吗？

有些人信奉“学海无涯苦作舟”这种观念，并一直驱策着自己勤奋、刻苦地攻读。此时，乐趣荡然无存，“一分耕耘，一分收获”的老生常谈是他们学习的教条。我

曾花费许多心血针对这方面的问题作过一些讲座——学习应该是一种快乐的过程。这在一些学校和地区产生过积极的响应，对此我感到很欣慰，因为作为一名教育工作者，我没有理由不为之高兴。

我们有必要为学习建立一个快乐轻松的平台，这并不是一些陈旧观念的翻版，而是我们的学习观念应该进行一次彻底的刷新了。我们应该为追求享受而去学习，而不应该把学习当做一种负担。

你首先要经过认真的思考，当你终于解决了一道难题时，要这样反问自己：“这种喜悦不值得我为它付出汗水吗？”

当你在学习中找到无穷的乐趣而沉醉于其中时，还要问问自己：“我还会觉得学习是一种负担吗？”

对学习有了新的认识，有了提高学习的轻松技巧和方法，你就会发现，学习原本就可以很轻松、很快乐！

以上这些只是我提供给大家的几条解除学习负担的建议，相信你们会完成得更出色。加油吧！

好身体 好成绩 4

⊙ 融入学习，你会更快乐

没有快乐的学习不能称之为真正的学习，同样，抛开了学习，快乐也不能称之为真正的快乐，我们所追求的是一种“双赢”。

从出生的那天起，我们就对这个世界充满了好奇，一切对我们来说都是陌生的、崭新的，于是我们试图去弄个明白。这时，我们是快乐的；当我们踏进课堂，完美地回答了老师提出的一个问题，同学们向我们投来赞许的目光时，我们是快乐的……每时每刻，学习都能让你快乐，若离开了学习，我们的快乐便成了无源之水。

也可以说，那些一味抱怨学习的人是不快乐的，至少他们不会在学习中获得乐趣。在这个世界上，有太多的东西需要我们去学，我们有什么理由不去学习呢？当我们踮着脚尖争睹别人风采的时候，我们设想了他会多么快乐、幸福，但是如果你没有在学习上付出的话，这种快乐永远只能去设想，永远只能属于别人。

快乐是个变量，也是个常数，这个世界好像注定了让许多人偶尔尝试一下快乐，继而让它消逝得无影无踪，或是让有些人可以长久地守住快乐，那么究竟是谁在掌握着快乐的“生杀大权”呢？答案就是学习。没有了学习，你的知识就会变得陈旧；没有了学习，你的生活空间就会变得狭小；没有了学习，你的身心发展就会受到限制……

所有这一切都说明着同样一个主题：融入学习，你就会快乐。

第3章

高效考试的策略

在考场上，我们一定要讲究策略，
寻找捷径，取得理想的成绩。

参考书要经常翻一翻

佳佳是老师们公认的既会学习又会考试的学生，其实，佳佳的智力一般，平时用在学习上的时间也并不比其他学生多，但是，不论是平时的小测验，还是每学期的考试，她的成绩在全班都是前几名。

有一次开班会，老师让大家交流学习经验，探讨学习方法。

轮到佳佳的时候，她说："其实，我的方法跟大家差不多，只不过，我在认真掌握好课本的基础上，会去买一些参考书，每门课不必多，只选择一两本好的参考书，然后随着上课的进度精读细研，就可以了。"

说到参考书，同学们议论纷纷。

"哎，我家的参考书太多了，看都看不过来，好像背着一个巨大的包袱。"

"我把参考书里的题目都做了，成绩还是没有提高！"

"参考书里的答案跟教材不符，我都不知道该怎么办！"

"现在书店里的参考书太多了，不知选哪种好！"

……

那么，我们应该如何利用参考书呢？

⊙ 了解参考书的类型

对于参考书，我们是再熟悉不过了。它是为补充教材的不足而编写的，是学习不可缺少的“助手”。有人把教材比做人体的骨骼，那么参考书则是人体的血肉。

然而现在社会上关于学生学习的参考书可以说是多如牛毛。如果不加选择地滥用，往往会事倍功半，浪费很多宝贵的时间和精力。面对众多的参考书，其实没有必要都看，我们的时间和精力不允许，况且其中也不乏“冒牌货”。因此，能否选择合适的参考资料，也是影响学习成败的一个非常重要的因素。

那么，怎样在这众多的参考资料中，进行恰当的取舍呢?

首先，在你购买参考书之前，必须了解参考书的种类，作好充分的准备。

如果按照使用目的对参考书进行分类的话，一般有以下几种：

1.补充型：这种参考书的特点是单元顺序跟我们的课本一模一样。不过，内容比课本要详尽，目的在于补充学力。

2.专门型：与课本并没有直接关系，但是对某一专项极尽详述之能事。例如：《动物的彻底研究》《单词征服要诀》等。

3.综合型：这种参考书把考试各科目的要点和试题趋势，作了综合性的编辑，标题很醒目。

4.重点式：依照科目，把每一科的考试重点扼要列出。一般学生都拿它作为考前总复习之用。例如：《英文单词精选》《英文片语大集》

《数学公式集》都属于这一类型。

5.问题型：以练习问题为主，有考试用、课本补充用两种。特点是搜集的内容十分广泛，应有尽有。

除了以上五种，还有以解说课本内容为主的参考书。很多学生都用来抄写习题答案，这是应当极力避免的一个坏习惯。

考场策略要掌握 2

⊙ 正确使用参考书

当你买到一本很好的参考书后，如果使用不当，对学习也不会有很好的帮助。

有些人把参考书奉为“守护神”，实在是不正确的心理。这就像手拿参考书去量体重，一看“体重增加”就兴奋异常，但却没发现，如果把参考书拿走，自己的实力就丝毫没有提升的事实。

如何使用参考书，才能让它发挥真正的作用呢？下面有几个秘诀，为你提供正确使用参考书的方法。

1. 当做“添血加肉”的工具

学习的重心，还是要放在教科书上，参考书只能当做“添血加肉”的工具。如果已经到了准备考试的阶段，必须使用“投考型”的参考书，将学习的重心慢慢地移到参考书，但还是必须不时地跟教科书互相对照，结合起来复习，才能增强实力。

2. 使用彩色笔

遇到重要的地方，就用红笔画线做记号，不明白的地方就用蓝笔做记号，并及时向老师请教。运用彩色笔，在下次复习的时候，重点难点就可以一目了然，省去了好多时间。

3. 须有辅助性笔记本

如果只是用眼睛看，内容并不会留在脑子里，因此研读参考书也要做得彻底，一定要另外准备辅助性笔记本，把要点一一摘录成册，以加深印象，帮助记忆。

4. 先不要看答案

使用参考书最大的毛病就是：只知猛抄答案应付老师。其实使用参考书时，应该加以思索，先做出自己的答案后，再跟参考书上的答案对照。否则一味照抄，或是未经思考就急于看解说和答案，则会反受其害。

5. 既然买了就要读

既然买来参考书，就一定要读到底，而不要拿着一大堆同类的补充型、综合型参考书跳跃式地读，不断改变对象。否则到头来是白忙一场。

6. 要抓住重点

不管因什么目的而使用参考书，都应抓住重点内容，也就是大纲上规定的重点内容，否则捡了芝麻丢了西瓜，得不偿失。

记忆力是轻松学习的好帮手

“好烦呀，又有这么多的单词要记。”

“真烦，老师又布置了一篇课文要背。我真的背不过来了。”

“哎呀，刚拿的东西又忘了放在哪里了！”

你有过这样的烦恼吗？你是否正被这些事情困扰着？随着学习任务的逐渐加重，很多学生反映学习压力过大导致自己都有点招架

不住了。出现这些情况的主要原因是什么呢？对了，就是记忆力差。

如果你有过目不忘的记忆力，你还会抱怨学习压力过大吗？你肯定会很轻松地打球、看电影去了。那么，你想拥有惊人的记忆力吗？让我们一起来揭开记忆的秘密吧，使我们更好地提高学习效率，从而提高我们的成绩！

考场策略要掌握 1

⊙ 提升记忆力的关键技巧

提升记忆力是有技巧的。“艾宾浩斯学习法”认为提升记忆力的关键技巧表现为：锁定目标、理解融会、观察特征、分类整理、运用关联和绘制图表。

一、锁定目标

许许多多的实验结果都已经证实，目标越接近、越明确，则越容易达成，同时其吸引力也越强。这就好像磁铁一样，如果铁片离磁铁越近，其磁力就越强，相反的，如果离得越远，其磁力则越弱。

我们从事的日常工作也是一样，无论是体力劳动还是脑力劳动，如果越接近目标，不仅工作效率高，而且错误也较少。

以读书为例。提高记忆的功效或养成良好的记忆力，这是属于最终的目标。可是你不可能把一本书的内容囫囵吞枣地一口气全部读完，你一定是一章一章地细读下去，甚至是分段读下去，直到完全了解为止。你在不知不觉中，适当地把最终的目标分解成一个个中间的目标。

为了取得好的成效，你必须每天制定具体的目标而按部就班地细读下去，这样逐渐达成各章节的具体目标，才能培养出惊人的记忆力，同时也能向最后的目标挺进。

二、理解融会

很多同学经常感慨：我的记力好像“衰退”了。要不然，怎么总出现这些情况呢？考试之前背的题马上就忘记了；单元测试的时候，答案在脑袋里，但就是想不起来；总是忘记已经背过的英语单词……

难道记忆力真的“衰退”了？

我们在记忆的时候通常头脑里会浮现出老师常教给我们的一句话：“先理解，再融会贯通，然后记忆。”其实，这句话无非是告诉我们一个记忆的道理：只有在理解的基础上进行记忆，才能记得好。出现以上的“衰退”症状是由于没有对所记忆的东西加深理解而导致的。

要记得必先懂得。俗话说：知道、悟到、做到，方能得到。

如果我们在记忆的时候一味地死记硬背，即使记住了，过后仔细想想也还是什么都没有记好。

因此，要想掌握记忆的技巧，必须先记住一句话：只有傻子才会死记硬背。我们提倡在学习过程中采取以下五个步骤：初步接触、实际使用、不断重复、融会贯通和再次强化。

理解、融会、贯通，才是优质记忆的保证。

三、观察特征

有人在看书或看电视时，只是眼睛跟着文字和影像转，读的是什么，看的是什么却完全不知道；也有人不记得出门时电灯开关是不是关上了，门是不是锁了，不得不慌慌张张地跑回家检查。

这些都是因为人们处于“失视状态”的缘故。尽管视网膜上留有文字的影像，脑子却没有明确地收到资讯。在这种状态下，大脑当然不可能记住读过或看过的内容。

大脑皮层神经运作时，有兴奋过程与抑制过程。这两种

过程都是由某一种刺激引起的。有许多的记忆物体或事物，在形式上非常类似，找不出其差异而容易混淆或遗忘。

如果我们可以在其中找出差异或特征，大脑便能够深深地牢记这些事物了。

观察特征，透过视觉细微地察看，发掘各类人、事、物是否有其特别的地方，比如顺序、排列、颜色、美丑、清晰、明暗、外形、材料、大小等特征。

四、分类整理

早上起来，打开衣橱，发现里面的衣服堆得乱七八糟，有红的、黑的，上衣、裤子、围巾、帽子……忽然想起今天是学校举行“元旦晚会”的日子，我还有一个表演节目，要穿白色的连衣裙，怎么办？衣服这么多，我去哪里找啊？

翻来翻去找了半天才发现白裙子被压在衣橱的最底层。看来，把衣服堆在一块儿既麻烦又浪费时间，我得把衣服分门别类地整理好……

其实记忆也是如此，如果一下子就接受太多的内容会让你感到很厌烦，理不出头绪，容易把现在记的和以前记的混淆，产生“大脑爆炸”的现象。

为了提高记忆的效率，就要把记忆进行分类整理，这样才会收到事半功倍的效果。

分类整理，就是按照记忆物件的一般特征进行归纳、整理，使零散的资料趋向集中，使我们易于熟记。

在我们的学习经验中，分类是保持和唤起过去的经验和回忆的重要过程。因此将记忆对象进行分组或分类有助于提升记忆效果。

五、运用关联

关联就是将有某种关系者联结在一起，运用关联可以缩短记忆距离，提升记忆力。

若已有关联，就运用关联；若没关联，就制造关联。

超级学习大师东尼·布赞(Tony Buzan)曾说：若想要记住一件事情，必须找出已知或既定事项之间的关联。

运用关联，就是发挥联想思维力，将与记忆物件有本质相似者，取其形、取其音、取其对立相反，或是任何一切你可以联想出来的关系都可以。

大家都知道，零散的知识是最难记忆的，费神最多。但如果将零散的知识编成故事串在一起，利用故事学习想要记忆的材料，就容易多了。

下面是一些毫无联系的词语：飞机、树、信封、耳环、水桶、唱歌、篮球、腊肠、鼻子。要逐个记住它们当然不是一件容易的事，但是用串联法进行联想，效果就不一样了。可以这样联想：巨大的飞机突然撞在树上，从里面掉下一只装有耳环的信封，落在水桶上，水桶上坐着一个在唱歌的人，他的腮帮子鼓得像个篮球，篮球里面竟然装着腊肠，腊肠像大象的鼻子。

通过这样联想，就把几件事联系起来了。上面的例子看起来有点繁琐，一旦掌握了，在10秒钟之内就能记好，只是第一个词“飞机”没有联系物，需要稍稍费点力气。但只要记起了飞机，后面的就能想起来

了。作这样的联想，任何人都不会感到太难。需要指出的是，联想时，必须让事物形象在脑中浮现，即使是百分之一秒的时间也好，最主要的是使联想的事物形成清晰而稳定的形象。

六、绘制图表

根据心理学家的分析，视觉是人类吸收知识、捕捉信息的重要门户，83%的知识信息都是通过视觉感官吸收的。文字呆板、枯燥，而简图、简笔画、图表都具有直观、生动、形象、条理清晰等特点，可以充分调动大脑神经元网的形象，增强逻辑思维，使头脑中产生强烈的感觉，从而加深对信息的记忆痕迹。

在记忆物体的形态中有文字、数字和图像三大类，我们也很清楚地知道，文字记忆的印象，远不如图像记忆深刻。

因此，在日常各种科目的学习中，我们可借助绘制图表的技巧来加深记忆。

考场策略要掌握 2

⊙ 增强记忆的灵丹妙药

很多同学都在寻找增强记忆的灵丹妙药，想要拥有过目不忘的本领，减轻自己的学习负担。其实，增强记忆根本就没有什么灵丹妙药，如果说有，那也是人们经过N次的反复修炼而成的。

为什么有些同学聪明伶俐，对于老师在课堂上讲的内容，听一遍就明白，理解得也比别人快。按理说，这么聪明的学生，学习成绩应该很优秀，但是，事与愿违，他们的成绩很平凡。

为什么呢？他们自己也很纳闷：“上课的时候，我明明都听懂了，也掌握了所学的知识了，怎么还是考不出好成绩呢？”

如果再仔细观察的话，就会发现，原来这些学生自认为已经掌握了所有的知识，又认为自己的记忆力很好，所以下课后也不去复习，久而久之，那些学过的东西就渐渐淡忘了。

桥梁学家茅以升记忆力超群，很多人曾经询问他的记忆秘诀，他回答说：“说起来也很简单，就是重复！重复！再重复！”

是啊，学过的东西，只有不断去复习，才能够牢固地记忆，达到运用自如。有这样两个大学生，甲的英语水平比乙高。毕业后，两个人在同一所中学里工作。甲担任行政领导，乙担任英语教师。三年过去了，由于乙天天接触英语，水平不断提高，口语能力也逐渐增强，并开始翻译一部外国小说。而甲呢？自从毕业后，甲就极少再复习和运用英语，他甚至已经想不起几个英语单词了。

所以说，记忆的灵丹妙药其实就是两个字——重复。

日记日记，随写随记

佳佳一家三口要出门旅游，车马上就要出发了，佳佳却往家里跑。

爸爸问他干什么去，佳佳说：“我要带上我的日记本！”

一会儿，只见他拿着一个硬皮的小笔记本跑下楼来。这是他的日记本。这样的日记本佳佳已经积攒了五本，全都密密麻麻地写满了字。

佳佳有一个好习惯，就是善于动笔。读书就要动笔。如果是自己的书，他会在书的边沿记录

心得；如果是借阅的书，他会在自己的笔记本上记录或者摘抄。每次出门，他兜里都要装个小本本，把看到的新奇的事物、景致和自己的感想用三言两语一一记录下来。

即使看电视或者读报时，佳佳都不会忘记把一些新奇的词句、事件摘录下来。学校里开运动会，佳佳是宣传委员，空闲时间，他把一些精彩的瞬间、运动员和观众的各种各样的反应，都“摄”进了他的日记本里。作文课上，佳佳的文章往往内容最丰富；班会上发言，他的话最有说服力；出墙报，他是最好的编辑。

知道佳佳平时是怎么养成这个好习惯的吗？下面是佳佳的经验之谈：

1.平时读课外书时，拿一支笔，翻开一个本，边读边动笔。如果是自己的书，可以动笔作标注，用线段或者符号把自己特别感兴趣的词句标注出来。

2.刚开始时可以先摘抄，不要大段大段地抄，而是要有所选择，选择自己特别感兴趣的片段进行摘抄。

3.之后可以开始作批注，在书的空白处，简单批一个词，如“精彩”“太妙了”“不对”之类的短语。时间久了可以批注完整的一句话。再往后，可以用几句话完整地表达自己的意思。总之，一定要做到“不动笔墨不读书”。

4.外出时，及时把所见所闻和感想记录下来，哪怕非常粗略非常简单也要记录，假以时日，就养成习惯了。

5.养成记日记、写随笔的习惯。开始时可以是非常简单的几个字，不会的字可以用拼音甚至符号代替，之后是一句话，再往后可以逐渐复杂，写成片段，甚至写成完整的文章。关键在于培养习惯。

考场策略要掌握 1

⊙ 写日记，贵在坚持

亮亮最头疼的就是老师一周一次的日记抽查，要是不幸被老师抽到，他的日记本上肯定只写了某年某月某日、星期几以及天气情况，甚至天气情况都可能没有记全。每周的这个时候是亮亮最辛苦的时刻。

这天，老师诚恳地告诉大家：其实老师检查每个同学的日记，要比大家写日记还辛苦。目前，大家还不具备自由表达想法的能力，不太容易养成每天写日记的习惯。老师让大家写，是为了培养大家的写作和表达能力。而且，老师阅读大家的日记时，也增加了对每个同学的了解。

日记是对自己的反省和检查。坚持每天写日记的确不太容易，不过，只要下决心坚持一段时间，慢慢就养成习惯了。小时候养成的习惯，不管是好是坏，常会伴人一生。如果从小养成写日记的好习惯，今后它将成为一笔巨大的财富。

所以，从今天开始，每天睡前写一点日记吧。

回想今天都发生了什么，自己做错了什么、做对了什么，再想想明天自己该干些什么……养成这样每天思考的习惯，对自己的成长是非常有帮助的。

不要觉得写日记很辛苦，应该把日记当做自己最亲近的朋友，每天写，就好像和好朋友聊天一样。不要光写“今天做了什么事”像流水账一样，你可以随意地写出自己的想法和感受。

最重要的是不要间断，坚持每天写，不一定要把日记本写得满满的，哪怕只有几行，也要把每天的感受记录下来。

养成写日记的习惯以后，思考能力和写作能力会在不知不觉中得到提高，而且会给你带来很多快乐。

亮亮听了老师的讲话以后，暗暗下了决心：以后一定要坚持每天写日记，哪怕只有一句话。

亮亮的第一篇日记

2005年3月22日　星期二　晴

从今天开始，我要坚持每天写日记。

说到做到！！！

观察力是发现知识的窗口

观察力是通向成功的桥梁，是任何一个人不可或缺的能力，大到对周围环境的观察，小到对一只蚂蚁的观察，都可以体现出人的观察能力如何。

一定会有很多同学感到疑惑：观察能力和学习有什么关系呢？我又不想当生物学家。其实并非如此，观察力与学习有着密切的关系。

举一个简单的例子，让你在参观动物园之后写一篇文章。如果你没有观察力或者观察力不够强的话，你的作文肯定只有一句话："今天天气真好，老师带我们去动物园，动物园里的动物真多，人比动物还多。"而会观察的学生就不一样了，同样是参观动物园，一个学生是这样写的："有一天，我去动物园，在可以喂食的小动物乐园中，看到一只可爱的小熊猫正在吃竹叶。当时我想：'小熊猫能不能吃香蕉呢？'爸妈从来没有说过熊猫能吃香蕉，老师也没有说过。我就用手中的香蕉喂它。我十分惊讶，小熊猫竟然津津有味地吃了起来。看来小熊猫不仅能吃竹叶，也能吃香蕉。我从这件事情上体会到了实践和观察的重要性。学习也是这样，不能盲目，要多看看，多想想，多问几个为什么，要通过实践去了解事物，这样才能发现新的东西，得出新的结论，才能使学到的知识更加有用。"

你看出有无观察力的区别了吗？如果你还不能理解就看看下面的故事吧。

莫泊桑年轻时，有一次去拜访已经成名的福楼拜，表示自己想写一本书，并给他讲了几个故事。福楼拜听后，不主张他马上动笔写这些故事，而是希望他做这样的训练：骑马出去到市场上跑一圈，然后回头把自己看到的事物记录下来。莫泊桑通过这样长期的观察练笔，终于成为著名的短篇小说家。

可见，观察力在我们的学习和生活中是非常重要的，它是我们发现知识、开启智慧的窗口。

考场谋略要掌握 1

⊙ 柏济利阿斯的陷阱

现代化学方程式的创始人柏济利阿斯，曾经发现自己的学生缺少科学家必须具备的观察力。为了训练学生的观察能力，他在自己的课堂上做了一个实验。他从实验台上拿起一个瓶子，把白糖、沥青、煤油三种溶液混合在一起，伸出一个手指放进混合溶液中，再把手指放到嘴里，品尝溶液的味道，然后做出回味的微笑表情，好像很好吃的样子。学生们都按照老师的样子做，结果露出的却是愁眉苦脸的表情，因为这种溶液的味道实在是太难吃了。

这时，柏济利阿斯哈哈大笑，说："你们都上当了，你们中间没有一个人善于观察。"然后他把自己的手指给学生看。原来他并没有真正品尝溶液，他伸进瓶子的是中指，放进嘴里的却是食指。学生们的错误就是观察不细微、不精确造成的。

这次实验是给学生们的一次教训，它同时也告诉我们：在任何时候观察都要仔细，要细致到每一个环节。另外，观察力不是天生的，我们可以学习一些技巧来提高自己的观察能力。

一、确定你的观察目标

一个明确的目标是成功观察的开始，它关系到观察的敏锐性以及能否在观察中集中注意力。因为观察不是一项随随便便、漫无目的的

活动。在观察的过程中如果“眉毛胡子一把抓”，就会“捡了芝麻丢了西瓜”。

二、要有一个周详的观察计划

在明确观察目的后，就要着手制订观察计划，它包括的内容至少要有：观察对象、观察要求、观察步骤和观察方法。先观察什么、后观察什么、用什么方法进行观察，都要有计划地妥善安排，这样才能做到井然有序。

三、观察既要全面又要有重点

观察事物要从不同的角度多方面地进行，才能观察到各方面之间的联系，从而对事物有整体的认识。我们要学会在观察中抓住重点，做到条理清楚，然后按计划进行。

四、善于运用多种感官进行观察

观察前应作好一定的知识储备。因为观察时思维也会参与，使人能更精细地感知事物。考古学家从一片残缺不全的龟壳上读出甲骨文，而门外汉看龟壳却一无所得。可见，为了更好地观察事物和现象，必须了解有关知识，然后有顺序、系统地进行观察。观察不能东看一点，西看一点，要规定一定的顺序，如从左到右，或从上到下，或先里后外，或先两边后中间。

五、观察要尊重客观事实

英国有一位医生叫詹纳，对动物的生活习性很感兴趣。当时，有一种关于杜鹃鸟的说法：杜鹃鸟从不自己筑巢，总是在别的鸟的鸟巢中下蛋，由别的鸟喂养自己的孩子，并且为了保证自己的孩子健康成长，把孩子的“养父母”残忍地赶走。詹纳对此表示怀疑，就对杜鹃鸟进行了观察。

经过长时间的观察，他发现杜鹃鸟真的是在别的鸟巢中下蛋，但是他发现了一个更可怕的真相：当巢主夫妇外出觅食，巢主的幼鸟也都睡着的时候，小杜鹃就用自己的身体移动，把巢主的幼鸟挤到窝边上，并把它甩到窝外面去，从而独占了鸟巢的位置。

于是，“鸟中恶棍”杜鹃鸟不筑窝，不自己孵蛋，不喂养幼鸟并无情对待“养父母”的孩子的行为被詹纳观察出来，给了大家一个真相。

考场策略要掌握 2

⊙ 观察应当有好奇心

观察应当有好奇心，动脑筋想一想日常生活中司空见惯的现象中有什么可疑之处，是挖掘观察力的一种有效方式。

德国科学家魏格纳看地图时就看出了门道。一次，魏格纳病了，躺在床上无所事事。他偶然看到墙上贴着一张世界地图，就仔细地反复观察，他发现南美洲东海岸和非洲西海岸大致可以吻合，巴西东端凸出的部分，与非洲西部凹进去的几内亚湾可以正好拼起来。后来他又发现某种恐龙化石存在于大西洋两边的美洲，但恐龙是无法跨越大洋的。另外在美国和欧洲还发现了同一种蚯蚓。由此看来，过去世界上的大陆应该是连成一片的，由于地壳运动才分开成五大洲，由此他创立了著名的大陆漂移学说。

美国科学家弗莱明也敏锐地观察到平凡事物中的不平凡线索。一次他在研究导致肺炎的葡萄球菌时，观察到试管口长了绿毛，而绿毛附近的葡萄球菌都死去了，他没有放过这个现象，深入研究，从绿毛中提炼

出了一种药品，就是大名鼎鼎的青霉素，为人类战胜疾病带来了极大的好处，弗莱明也因此获得了诺贝尔医学或生理学奖。

这些故事都告诉我们，奥秘总是隐藏在自然现象之中，如果你有敏锐的观察力、坚定的信念和好奇心，就一定可以有所作为。

思维力是穿透现象的利箭

法国大作家维克多·雨果喜欢出国旅行。有一次，在某国的边境，宪兵要进行检查登记，就问他：

“姓名？”

“雨果。”

“干什么的？”

“写东西的。”

“以什么谋生？”

“笔杆子。”

于是，宪兵在登记册上写着：“姓名：雨果；职业：笔杆贩子。”

显然，宪兵的判断是可笑的，而且犯了一个非常离谱的错误。他简单地认为以笔杆子谋生的就是笔杆贩子。宪兵之所以这样理解是源于他对“笔杆子”这个词的不理解，但他至少可以从“写东西”和“笔杆

子”两个词推断出雨果不是一个贩子，但是他没有这样思考，因为他不懂逻辑思维。

我们在平时的生活和学习中，要善于运用逻辑思维能力，对遇到的人、事及难题进行分析，不要简单地想当然。

要想让自己不发生一些非常离谱的错误，就要多积累知识，时常进行多方位的思考。

思维能力在生活中倒是常见，在学习中有什么作用呢？在学习中的用处大着呢！举个很简单的例子，数学课上，老师讲了一种证明角相等的方法：两直线平行，同位角相等。那非同位角怎么证明呢？内错角怎么证明？你能想到几种方法来证明？

想得出来吗？这些都是非常简单的逻辑思维能力，需要大家自己仔细琢磨。

考场策略要掌握 1

⊙ 几个有意思的创造性思维法

创造性思维是思维的最高形式。它是发散思维法和聚合思维法的综合，它糅合了一些技巧，并用不同的形式展现出来。创造性思维对知识有高度的概括和新的分析。我们要提高学习效率，就必须掌握这种思维方式。

一、换位思考法

一家玩具店的老板在自己店里显眼的位置摆了一个高架子，上面摆的都是一些吸引人的、价格也较高的玩具。但是他发现，孩子们走过这个高架子时，很少去注意高架子上的玩具。他一直不明白为什么。后来，他换了个角度，试着以孩子的角度走进玩具店，才发现，摆玩具的架子太高了，孩子的身高又有限，因此他们不可能去注意高架上的东西。于是，老板就把高架撤走，把所有的玩具都摆在与孩子们的视线水平一致的地方，结果来购买玩具的孩子越来越多。

二、逻辑推理法

北宋哲学家邵康节，一天晚上与他12岁的儿子在院子里乘凉。忽然，从院墙上探出一个人头，只见那人迅速扫视了一圈院子就缩了回去，父子俩就猜这个人是干什么的。

儿子说这个人肯定是个贼，不然怎么在别人家院子外探头探脑的。父亲却说这人只是个普通农民，说不定是来找牛的，如果这人是贼，一看见人就会马上缩回头去，而这人是看了一圈以后才缩回去的，就说明他在找东西，而且这个东西目标大，所以他并不进院查看，再看他的打扮就能判定他是一个农民，于是可以推断出他是在找牛。儿子恍然大悟，立刻跑出去询问，果然如其所言。

三、随机应变法

一个老人去集市卖西瓜，途中劳累就在路边一间破旧的房子里休息。这是一间很久都没人使用，快要坍塌的房子。一个哑巴看见了，想告诉老人里面危险，让他快出来。可是他比画了半天，老人愣是不懂他

的意思。眼看房子就要塌了，哑巴急中生智，抱起一个西瓜就往外跑，老人急了，怎么有买瓜不给钱的，于是就追了出来。两人刚跑出不远，只听“轰”的一声巨响，房子倒了，老人幸免于难。

考场策略要掌握 2

⊙ 多读一些侦探小说

你知道小侦探柯南吗？别看他小小年纪，破案手法可不一般，不要以为他有什么特异功能，只是他的推理能力比你强而已。

想让自己也拥有这样的逻辑推理能力吗？那就多看看侦探小说吧，学数学、物理、化学就不会那么费力了。

逻辑推理能力，就是根据目前知道的情况或者现象，推断过去已经发生的或未来将要发生的事情。那些著名的侦探，都是依靠非凡的推理能力来分析案情，抓住罪犯的。如果能把这种推理能力运用到学习上，也会获得意想不到的效果。

很多同学开始学习时，大都靠死记硬背。一旦养成这种习惯，无论在考试中还是平时的学习中，只要遇到疑难问题，他们就会轻易放弃，甚至产生厌学情绪。

佳佳就不一样了。解答题目的时候从不依赖参考书，完全靠自己思考去解决难题。每解出一道难题，佳佳就获得很大的成就感，同时又进一步增强了他的学习兴趣。

另外，推理也可以开发思维。人的思维往往偏向于经常思考的问题。比如，老师每天想着怎样丰富课堂内容，侦探每天则想着怎样抓住罪犯。经常思考一件事情，在这方面的思维能力就肯定能得到提高。

那么大家平时多想想，怎么才能更好地学习呢？让思维能力偏向这个方面，慢慢就会找到好的学习方法。

当考试中遇到不会做的题时，千万不要马上放弃，多运用推理能力，或许就能找到答案。即使这次考试没有做对，下次遇到类似的问题也绝不会再错了。

创造力是学习的最高境界

首先，我们用创造性的思维来解答一道数学题。

有四个大小不一的管子通向水池。开1、2、3号管12分钟可将水池灌满，开2、3、4号管15分钟可将水池灌满，开1、4号管20分钟可将水池灌满，问四个管子同时开要多长时间灌满水池？

看起来这道题目好像很难，要列多少个式子才能把它给解答出来啊？可你知道吗，一个学生把这道题与在小学时学的和差问题联系起来，从它们之间的相似关系中获得了启发：$1/12+1/15+1/20=1/5$。所不同的是这里的$1/5$是把每个管子都看成是双倍的，因为前面的等式中含有两个1号管、两个2号管、两个3号管、两个4号管，所以$1/5$减去一半的话就是$1/10$，也就是说四个管子同开10分钟就可灌满水池。

除此之外，你还能想到其他的解法吗？

平面几何课上，老师在讲梯形面积的算法，佳佳看到老

师在黑板上写着梯形的面积公式S=lh（梯形面积=中位线×高），他的头脑就积极思考起来。突然他站起来问老师："能不能把圆环看成是一个弯曲了的梯形的黏合。那么由梯形面积公式可以得到圆环的面积公式，也就是S=lh，这时的l是中部的周长，h就是环的厚度。"

老师听了佳佳提议后非常高兴，称赞他不仅上课认真听讲，还能积极地思考问题，创造性地提出自己的见解。

佳佳听了老师的夸奖后，不好意思地说："哪里，我只是突发奇想而已。"

老师认真地说："学习的时候就是需要这种'突发奇想'。"

法国作家左拉说过：生命的全部意义在于不断地探求未知的东西。所以，我们不应该满足于课本上的知识，而要像佳佳一样时常地"突发奇想"，创造性地思考。

考场策略要掌握 1

⊙ 用欲望来激发创造性思维

很多同学不明白什么是创造欲望，心想：欲望怎么能激发创造性思维呢？其实这是很简单的道理。比如你孤身一人在一个荒无人烟的沙漠中，随身携带的水早已经喝完，口渴得要命。这个时候你一定会调动你的全部思维，来思考怎么样才能喝到水。或者联想你之前看的书中预测在哪个方向有绿洲；或者求助你的支援队伍……你的欲望是要喝到水，所以你就会拼命地想，拼命地思考，于是你就会产生很多的想法。

在学习上，欲望的表现也是同样的道理。比如你要写一篇有关于“比”的话题作文。这时你的欲望是以“比”为话题的作文，那么你就会调动你整个神经系统，来思考所有你以前看过的、现在想到的有关“比”的话题：中国男足在赛场上的比拼；两只蚂蚁在比赛搬运东西；两个刚毕业的青年在同一家公司面试；很多人都在玩挑战者的游戏，而胜利者只有一个；电视剧里正上演着面对金钱和友谊时主角内心痛苦的挣扎等等，都可以作为构思题材。于是，一篇精彩的作文诞生了。

上海市和田路小学的徐琛同学，看到墙上的电源插座，就想到小朋友不小心将手插进去会触电，能不能改，要怎么改呢？这个想法激发了他创造发明出一种“防触电插座”的欲望。果然，他成功了，发明成果获得了“世界少年儿童创造发明比赛”的最佳作品奖。

因此，强烈的好奇心和心理上的不满足，使人的思维一触即发，创造欲望就产生了。

第4章

考场上要注意的问题

每个同学都希望能成为优等生，
其实取得好成绩是需要一些技巧的，
想知道在考场上都有哪些技巧吗？
还等什么，我们一起来揭秘考场技巧吧！

在考试过程中我们要掌握的技巧

正确、良好的考试方法与技巧，是获得优异成绩的桥梁。让我们来学习并掌握良好的考试策略，以取得理想的成绩吧！

获得高分的战术 1

⊙ 拿到试卷后

1. 通读试卷，做到心中有数

考试发下考卷后，应先检查试题的科目名称、页码顺序有无错误，每一页的版面是否清晰、完整，同时一定要听清楚监考老师提出的要求及订正的试题错误。接着将试题浏览一遍，了解试题结构、题型、数量多少。读到熟悉的题目时，应暗示自己这里可以得分，那里又可以得

分，切忌把注意力集中在生疏、吃力的题目上，总去想这里要丢几分，那里又要丢几分。

2. 规划好时间

在浏览试卷时要弄清题目的总数、各道题目的重点，还要注意它们的分值情况，然后迅速地规划好时间。考试中分配时间有一个基本原则：一定要设法在经过充分复习、最有把握的内容上赢得分数，为此有必要注意两方面：

（1）确定答题顺序。

（2）考虑疲劳因素。

3. 答题顺序

一般说来，答题顺序应根据你对考试内容的掌握程度和各试题的分值情况来决定。疲劳因素也应考虑进去，譬如在要写几篇短文，又要完成一系列多重选择题的情况下，至少应该先写一两篇短文，再转向多重选择题部分，然后继续写其他短文，因为适当转换一下节奏，效果会比较好。

一般情况下应遵循先易后难、先小后大、先熟后生的顺序答题。这样能避免花费过多时间在解答难题上，到最后反而没时间做有把握的题目。先做容易的题目能使大脑很快进入状况，有利于排除紧张感，稳定情绪并增强信心。

不过对于成绩优秀、反应灵敏，但常因粗心犯错的同学来说，则适宜先做中等的题目即难度、分数比例适中的题目，抑制浮躁的情绪，改正马虎、不细心的态度，立即进入专注沉稳的答题状态。还有部分学习脚踏实地、充分掌握知识，但性格内向、动作缓慢的同学，则应先做中、高等题目比较恰当。因为这一类型的同学在考试中总是因时间不够，难以完成全部试题，导致考试最后半小时总是处于心神不定的状态，答题速度也因此而变得缓慢；若先做分值较大的题目，觉得自己可以得到相当的分数，最后半小时便能保持心情稳定，加快答题速度。

由此可见，答题顺序的安排应根据我们自己对知识的掌握程度、性格的差异、学科特点等多方面的因素进行选择，不宜所有学科都固定同一种顺序。

获得高分的战术 2

⊙ 答题过程中应注意的问题

1.全神贯注答题

考试时精神一定要集中，切忌东张西望、东想西想或烦躁不安，这不仅易招致作弊嫌疑，还容易受到别人影响或影响到别人，让自己的心情更紧张，影响到答题速度和成绩。

考场上最重要的是细心，不要忽视简单的题目。一拿到试卷信手就做，之后也不再检查，结果丢三落四、错漏频频，白白丢失了很多分。有的考生还没有弄清题意就急于答题，答了一半才发现离题，结果必须浪费很多时间进行涂改，试卷在视觉上也显得一片狼藉。有的人甚至答完了还不知道已经出错，造成下笔千言、离题万里的错误，事后悔之不及。

所以要细心地答题，重视每一题和每一分。有些只有一两分的填充题、选择题、是非题，题目并不难，但是如果你不细心而别人细心，相形之下你就会失分不少，甚至出现因为差一分而无法进入一所学校或一个科系的情形，在一分两分上误了大事。

2.连续碰到三道难题的话，不妨先休息一下，看看窗外

每个人的情绪都具有周期性，当士气高昂时，注意力自然十分集中，做事也颇为顺畅；但是当情绪低落时，就犹如跌至谷

底，很难发挥自己的真正水平。考试当天若能以最佳的状态应考，那自然是最理想的，但事实上在考卷未发下来之前，很难了解自己当天会是什么状况。

或许你也有过这样的经验，早上起床后感觉精神饱满，心情也不错，可在书桌前一坐，却什么也干不下去。于是先看上十分钟左右的电视新闻，或者翻阅一下报纸来调整心情。

然而，在考场上无法利用这些方法来调整情绪，这时不妨休息一下，看看窗外，让自己稍微放松一下。

大家都知道在篮球比赛时，当一方处于劣势时常常会喊暂停，暂停过后往往就会有高水平的表现。同样的，在考场上也可以利用这种“暂停”的方式来调整情绪。

暂停的标准是：如果连续碰到三道难题，就要休息一会儿之后再接着做，当然如果答题一直很顺利就不必暂停了。不过有时为了避免因答题过于顺利而产生的粗心大意，以至于出现差错，也仍然要暂停休息一下。

3.纵然发现答错了，但是在未想出正确答案之前也不要先擦掉

一般人在发现自己答错之后，通常会立即擦掉重写。但是，有时候重新改正的答案似乎跟擦掉的答题没多大差别，这时就显得多此一举了。

况且，看着白纸或空着的答案栏来思考是很费神的，因此在想出正确答案之前，先不要把错误的答案擦掉，因为可以用它来当做参考，分析错误究竟出在哪里。

人都有自我防卫的本领，辛辛苦苦写出来的答案，即使差那么一点儿也不愿受到他人的批评。然而考试是一件严肃的事，为了使自己能取得好成绩，应该严格地核对每一道题，检查每一个步骤。在考场上可以把自己的错误答案看做是一种缺点来纠正，就好像是在批评别人的错误

一样。“这种题都写错，今天到底是怎么了？”自我批评检讨能使我们更清楚地看到错误的所在，当然也就能够正确地修改过来。

4.阅读考卷时，先把自己容易忽略的事项在题目的空白处做记号

人的注意力是有限的，过分专注于一件事，往往就会忽略其他的事情。例如，为了把笔记写得工整，只留意字是否写得端正，而忽略了记笔记的主要目的——清楚记下老师的话及上课内容。这种情形大家可能都碰到过吧？但是如果想对所有的事物都详加留意，则注意力又会下降。

考试时也是如此，例如，将问题看过一遍之后，就会知道这个题目要用哪种公式来解，自己常会忽略题目的哪个部分等等，但是在这种东想西想的状态下反而不能专注，以至于出错。因此最好一开始就将试题的重点用铅笔写在考卷的空白处，以便答题时能提醒自己注意。反之，假如你把所有想法都堆在心中，千头万绪只会分散注意力而影响答题的正确率。总之，注意力只能集中在一点上，其余的都先暂时搁置在一边，这样才能更集中精力地思考。

转换思路时要敏捷、迅速，特别是在考场上，如何有效又合理地使用大脑就显得尤为重要。

5.为了集中精力答题，可以先把疑问做个记号

答完一个问题要继续答另一个问题时，常常会担心前面的那道题是否做得正确。在这种情况下很容易把正在进行的考题也答错了。这时你

可以先把有疑问的地方做上记号，暂时放在一旁，待手头上的问题做完之后再回头去检查。

因为要做的题目太多，所以心里就会产生矛盾，以至于妨碍了精神的集中。在这种状态下答题不仅效率低，而且也容易出错。

6.答题时千万不可以犯经验主义错误，否则会“大意失荆州”

曾有人从心理学角度进行过如下的实验：

先让被实验者看几张年轻女性的照片，然后再让他看一张抽象的图片，问他看见的是什么。大多数人的答案都是年轻的女人。其实那张图片可以看成是年轻女性，也可以看成是老太婆，但被测试者却大多把它看成是前者。

这表明人在反复进行一件事情之后，所残留的印象会深刻地停留在脑子里，一旦遇到相似的事物，就很容易将它看成是相同的。

考试答题的时候也会出现类似的现象。当考卷上的问题和以前做过的问题相似时，有的人就会马上觉得：“这个问题我很拿手。”假如有了这种想法，就很难看出问题在本质上的差异，单凭自己的经验就贸然断定这道题和某某题是相同的，结果不知道答错了还自鸣得意，因此越是碰见类似的问题，就越要细心分析是否和以前见过的问题完全相同。

自认为“我已经练习过了”，结果因此而丢分，那么之前再多的练习也是徒劳无功的。

7.答题时若放松警惕，易出差错

听说到失物招领处去认领遗失物品的人，经常在办理完手续、填过表格后便匆忙离去，而忘记把要认领的东西带走。这是由于找到了重要的失物后，心里松了一口气，使原有的紧张感消失，结果又再度忘记东西。

考试的时候也会发生相似的情形。好不容易解出了一道难题，因此心里感到很轻松，结果却把答案的位数或英文字母给写错了。虽然在考试时一直处于紧张的状态是不可取的，但是如

果因为精神松懈或粗心大意而答错题或写错字，那就太不应该了。

为了防止这类错误的发生，考试时应该自始至终保持沉着稳定的心态，不要因为自己会做而乐昏了头，也不要因为不会做而灰心丧气。总之要避免感情用事，克服焦躁情绪。全部做完之后还要一道题一道题认真地检查、仔细确认，这样才能及时发现写错的字或遗漏的题目，等到考试结束后再轻松也不迟。

8.简单的问题比困难的问题更容易出差错

一家钢铁公司的资料显示，在使用锻工钳夹烧红的铁棒这项危险的作业中，几乎没有发生过意外，而在清扫或检查熔炉这项简单的工作中，却常有严重事故发生，这实在是令人惊讶的事情。也就是说工作中会出差错并不一定是由于精神紧张，有时也可能是精神松懈、思维迟钝所致。

考试时也有相似的情形，因此当认为题目很容易时，更应保持慎重。

获得高分的战术 3

⊙ 答题过程中遇到问题时

1.当你对题目的含义不太清楚的时候

你一定有过这样的经验：遇到一个很难的问题，乍一看真不知该从何处入手。遇到这种情况往往会让人心急，只求快速答完，而忽略了要彻底了解题意所问何事，当然就得不到好成绩。所以一定要记住下面的四个步骤：

①分析解题的条件

解答不可或缺的条件一定全都包括在题目里面，这个部分通常占了最大的分量。

②审清发问事项

这个问题所要问的是什么？例如：“证明A和B的关系”这句话的意思是什么？

③明确解题的规则

例如，“在正确的答案上面画圈”“在空白方格中列出答案”之类，这些是解答时必须遵循的规则，违反这些规则自然会被扣分，所以务必要小心。

④看清写答案的范围

以上四个部分中最重要的是“发问事项”，只要掌握住这一点，应当不至于因弄不清“所问何事”而铸成大错。

总而言之，一拿到考卷所想的不应是“答案是什么”，而该是“问的是什么”。一旦发现“问的是什么”，应当多确认几遍以免有误。如果没有“考卷上不得做任何记号”的规定，就应该立刻在发问事项下方画线，以加深印象。

2.遇到在答题的过程中被难住的情况

这种现象一般是由匆匆忙忙的答题引起的。解题并没有规定必须要从第一题开始解答不可，所以此时你可以按照下面的要领来安排新的答题顺序。

①自己觉得很容易的问题

有些题看似容易，写到一半才会发现被难住了。遇到这样的问题应该断然放弃，赶快改做其他问题，直到全部完成后若还有剩余

的时间，再回过头来解决它。

②以前做过的问题

至于那些困难的、未知的、复杂的问题，要留到最后再慢慢去思考。从时间的分配上来说，最好用一半左右的时间来完成有把握的题目，然后利用剩下的时间与难题“从容拼斗”，这样就不至于落个“惨败”的下场。

③又简单又精练的问题

通常试题的难易程度不会过于悬殊，所以先选择容易的问题作答，尽量多拿到一些分数，然后再做难题。

3.一时想不起来答案的时候

“真气人，那个单词的拼法是……唉，明明记得的，都到嘴边了却说不出来了，真是的……”这是考场中常见的现象。

遇到一时想不起的问题时，别把注意力集中在这里，要“改个道，绕个弯”，从跟题目有关的主题开始回想，这种“绕个弯”的方式往往会让你在刹那间回忆起一直在苦苦搜寻的目标。

4.当遇到完全不懂的题目时

遇到这种情况可千万别泄气，或心头凉了半截，觉得人都快昏了，这时务必遵守一个原则——镇定不乱。

一般的试题决不可能出现“闻所未闻，见所未见”的情况。虽然未曾看过原题，但类似的问题你应该曾经看过，跟那个问题有关的基本主题，也必定曾出现在课本上。

所以碰到这种完全不会做的题目，最好的方法是平时背好课本的目录，遇到这种情况就在大脑里逐条回忆目录，从中找出解题之法。把公式一览表、中外历史年表、填入了人文地理资料的地图之类的东西进行综合性记忆，陷入困境时必能成为你突围制胜的利器。

5.当为二中选一而迷惑时

考试的时候，你是不是常常遇到“二选一”的情况？当为难以割舍而大感迷惑时，一般“最先想起的才是正确的答案”。

这有什么根据呢？

因为当我们记住了某件事，回想的时候它就会顺着经常练习的“路径”跑出来，我们常常挂在嘴上或常常书写的东西，在需要时总会一下子浮现在脑海中。所以“最先想起”的解决方法应该就是正确的。

紧接着想起的另一个答案，牵强附会的可能性较大，所以不大可信。当然，要运用这一招的先决条件是：平时就要反复练习，牢记正确的知识。

俗话说：“与其去学习，不如去习惯。”这句话指出了读书的秘诀之一：知识要不断复习，直至滚瓜烂熟。

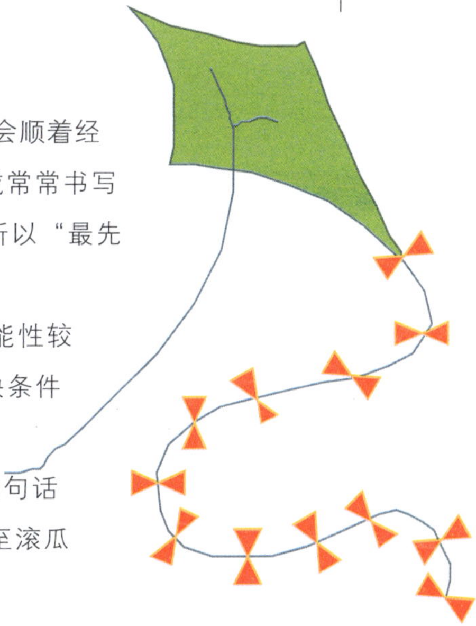

6.答案无法写得条理井然的时候

解题的关键在于先弄清楚“问的是什么”。拿射箭来打个比方，考试就是把答案的箭射向问题这个箭靶，如果答非所问，就算你写得再整齐，内容写得再多，也无法获得高分。

所以答题时可不要操之过急，一定要先确认解题所需的必要条件是什么。譬如英文翻译类的问题，要先逐一译出所知道的部分，然后再思考如何将它们衔接起来，经过思考后，再在解答栏里慎重地填上答案。

这样一来就不会发生“漏掉最重要的部分”或“文意不通”之类的错误了。

充分活用上面所说的各种方法，就能避免在考试中出错，从而在考场上大显身手，取得优异的成绩。

7.禁止作弊

有少数学生在考试时会作弊，这是一种投机取巧、弄虚作假、自欺欺人的不良行为。

前面说过，通过考试，老师可以了解学生的学习效果，以便对教学进行必要的调整，因此考试的成绩必须真实、客观。如果考场上作弊成风，老师阅完卷后只能得到一种假象，这对改进教学是十分不利的，而且让老师在考试期间付出的心力——出题、监考、阅卷、计分等全都白费了。

对学生来说，凭借作弊而轻易取得好成绩，容易使自己平时的学习松懈，只依靠以作弊得分，不仅在无法作弊的重要考试中会一败涂地，而且对充实自己的学识也一点儿帮助都没有。

一个积极上进的学生不仅自己不要作弊，也不要帮助别人作弊，因为这不是真正的关心，只会助长同学的错误，同时自己也犯了错误。

把握考试的时间

是否合理分配考试时间是影响临场发挥好坏的一个重要因素。

第一，分配答题时间的基本原则是：在能得分的地方绝对不要丢分，不易得分的地方尽量争取得分。心中应该有“分数时间比”的概念，花十分钟去做一道十分的大题，无疑比用十分钟去攻克一道两分的选择题有价值得多。

第二，合理安排时间。答题前先浏览一遍考卷，大致了解试题的类型、数量、分值和难度，进而确定各题目应该分配的解答时间。在答题过程中，要注意时间的安排，譬如一道题目你计划用五分钟来解决，但五分钟过去后一点儿眉目也没有，你可以暂时跳过这道题。当然，如果马上就可以解答出来的话，延长一点儿时间也是必要的。

第三，时间安排不要墨守成规。分配时间要符合考试的目的——也就是能成功得到理想的分数。所以不要过于墨守成规，要能灵活掌握时间。时间安排只是大致、整体上的调度，没有必要精确到每一小题或是去计较一秒钟。此外要留有五至十分钟的检查时间，但若题目太多，或对自己所写的答案较有把握时，检查的时间可以缩短或省略。

1.相同的一小时，如果能有效利用将可以得到加倍的效果

有些人进了考场后，看到满满的问题就胆战心惊，暗想：“我做得完吗？”其实问题多并不害怕，只要相信自己能做到就一定做得到。

例如，在制作电视节目时，若是三十分钟的节目，一般都会准备四十到五十分钟的台词剧本。虽然在排演时需花费四十多分钟，但是当正式录像时大家的速度就会加快，从而达到三十分钟的预期长度。在

考场上，考生的精神状态就跟电视节目的演员一样，因处于紧张状态而加速解答，因此在平时无法做完的考题数量，在考场上却能出乎意料地快速完成。

2. 五至十秒后再继续解答下一道题

一般人为了尽快写完答案，总是分秒必争，写完一题之后马上就做下一题。虽然考试时间会决定胜负，但是这种方法并不适当。因为回答这个问题的思考模式并不一定适合下一个问题，必须让头脑冷静下来进行一下转换。为了改变之前的想法，能够以新的思考模式回答下一题，就必须暂停五至十秒钟，看看窗外的景色，让头脑改变思路。

表面上看来似乎是浪费时间的做法，但事实上却是在节省时间。

3. 实在答不出的问题，就干脆放弃

有一些学生不会做某方面的试题，但是在其他的问题上能拿到高分，所以总分还是及格了。学生的解释是："我对这类问题没有自信，因此考试时如果太难就放弃，去做其他题目。"

想要得高分是每位考生的心愿，但应如这些同学一样，尽量利用会做的部分争取高分，才是考试得胜不可缺少的战术。

4.决定放弃的时间是一道题所分配时间的三分之一

试卷问题的排列方法或内容，有时会让考生落入陷阱。例如，在第一题就出难题，这有异于一般的出题习惯。为了避免一头栽入这个陷阱，影响之后的解答时间，在时间的分配上要特别注意。例如：问题总共有六道，考试时间是一小时，则每题有十分钟的解答时间。如果碰到应该放弃的问题，大致上先花这一题的三分之一的时间，三四分钟来尝试解答，再决定放弃与否。放弃问题后所剩下的三分之二的时间可用来做其他的题目，以把放弃的分数弥补回来。

如果将分配给一道题的时间全部用完才放弃，则整个时间都浪费了。

当然在复习备考时要有耐心，不会做的问题即使花好几个小时也不可惜，直到想出来为止。但是在考场上却不能如此。在考前的冲刺阶段就必须考虑到这个情形，多进行实际的练习，就可以培养出迅速判断解题费不费时的能力，同时也训练了调整分配时间的能力。

5.做不出来时先做记号，继续进行下一个问题

虽然每个问题都编上了题号，但是并没有规定我们一定要按照这个顺序答题。有些人一遇到难题时就会拘泥于这道题目上，无法再继续下去，其实这时候应暂时放弃，先做其他题目比较好。但是在做下一题之前，应先替前面的问题做一些备忘或记号，下次再重新检查时，可节省重新阅读该题内容的时间，也不必再重复作相同的思考。

6. 考试时间快结束时，不要再尝试新的问题

当考试时间剩下几分钟的时候，一般人的心里都会想继续去做尚未解出的问题，但是如果你想要得到高分，这其实并不是一个好办法，尤其是在数学之类的计算问题上。当然如果能写得百分百正确就能得到高分，但是只要有一点儿错误就有得零分的可能。换言之，这是一项不是得满分就是得零分的冒险，因此在时间快到时，除了确实有把握能答对题目，不要轻易尝试。

最后时间紧迫时，最好避免再去尝试新的问题，集中精力去检查已经做好的答案，才能确实掌握分数，否则连原本已经写好的答案也无法有把握拿到分数。

获得高分的战术 1

⊙ 慎重解题

大家应该已经知道考题要由简单的开始做起，才能有效地利用有限的时间，假如一开始就想去解决困难的问题，也许尚未写出答案就已经交卷了。这个要领是考试技巧中的最基本常识，而且一开始就回答简单的问题可以使身心舒畅，出题者通常也会考虑到这一点，所以大都把简单的题目放在最前面。

选择从简单的问题开始回答的方法，所得到的效果不仅如此，它也有助于解决原本以为无法解决的难题，也就是说会产生出解决难题的积极斗志。你可能曾有过这样的经验：在某个阶段，常有比较顺利的感觉，也就是在某个时期做事情会比较顺畅，一般称之为运气好。若由心理学的角度来解释则为：一旦事情被带到正面之后，会带来更好的运势，如此一直顺利进行，结果就能够发挥出比自己实力更大的力量。

当然，并不是回答一个问题就会产生这种状态，但如能顺利解答出两三题，就能够产生向难题挑战的勇气。

1.无法解出问题时，用“确认表法”稍微转变思考角度

在开发创意或专门解决问题的部门中，常使用的方法之一是“确认表法”。因为当人的思考产生阻碍时，就会开始反复进行相同模式的思考，也就容易走入死胡同。“确认表法”的功能即在于解除这一困境。

这个方法的要诀是：事先列举出有关这个问题的一切条件，再配合需要和要求来确认问题。任何问题都有几个共同点，例如“加大之后”“缩小之后”“扩大之后”“倒过来看”和“切断来看”等，要以各种角度来进行检查。

这个方法也可以应用在无法解决问题的时候。例如在几何学上的“辅助线”“连接点”“中点”等。在平时读书时就应把该注意的事在脑中列一张表，尽量能迅速地网罗所有知识点。

这样一来，不仅可以避免因为思考而浪费时间，在遇到难题时，也能立即改变思考方式。

也就是说，在遇到困难的题目时，应用“确认表法”去思考，就可以解决了。

2.想出好几个答案时要写出来，不要只在大脑中作比较

每个人都可能有过这样的经验，想在答案栏内写下人名时，会因为想到好几个名字而举棋不定，似乎无法确定哪一个是正确的，因此浪费了许多时间来思考。遇到这种情况时不要只在脑中思索，犹豫不决，不妨把它们写下来作比较。因为写成文字之后每个字都会直接刺激我们的双眼，同时也能反映出整体的印象，这样一来，过去看过的名字应该会看起来比较眼熟，而看来陌生的名字应当就是错误的。

由此可知，只在头脑里想象，或用嘴讲出来的事没有办法作判断时，就要把它写出来，将全体都可视化再来判断。

3.如果完全没有信心时，就用猜测法

在答题时如果空白是零分，写错也是零分的话，那么就应该随便猜一个答案，即利用猜题的方法。因为即使完全猜错了也无所谓，而且如果幸运猜中的话，就能拿到一部分分数。尤其是是非题猜中的几率占了50%，而四选一的选择题也有25%的几率，所以真的完全没有信心的话，就放手一猜吧。

4.书写要快、齐、准

一要快，因为重大考试的目的就是要区分出学生程度的高低。区分的方法：一是靠题目的量大，二是靠题目的质高，一般来说考试时间总是较紧张的，容不得半点儿慢条斯理，所以写字速度一定要快。有的考生不能按时交卷的原因不是不会，而是因为写字的速度太慢，结果耽误时间而影响了成绩。

二要齐，指卷面要整齐清洁，书写格式要遵照规定，而且四周要留下适当的空间，避免在试卷的空白处东一段、西一段随意书写。审题后，根据题型和答案大约的字数多少，先大略估计和安排好位置然后再书写，不够写可以在反面书写，但一定要标注清楚让阅卷老师能找得到。此外，字迹要端正、整齐，大小要一致，字迹潦草是答题的大忌。

三要准，指书写的内容要准，有的学生认为字迹潦草点儿没关系，反正全部答完以后还可以检查、修改。其实对大部分考生来说，检查的时间很有限，有的根本来不及检查，即使检查时发现书写错误或不合规定，想要改正或者重新改写，有时也已经没时间或没地方可以写了，只好望“卷”兴叹。所以一定要尽量争取第一遍就做好，不要有太多修改，更不要大范围涂改。

审题时应注意的细节

审题是得到高分的关键，必须细心认真地进行。但是有些考生却偏偏在审题时过于粗心，急着动笔，结果往往在没有弄清题意的情况下就作答，考后一对答案才知道自己错了，追悔莫及。例如，有一次考试作文是命题作文，要求考生以《先天下之忧而忧，后天下之乐而乐》为题写一篇议论文，试卷的“注意”一栏里规定：“必须写议论文，不要写成诗歌或其他文体。”但有些考生在审题时不细心，忽视了注意栏的要求，没有按要求写成议论文，却写成了记叙文。甚至有学生连题意还未领会清楚，就提笔写了起来，在作文第一段论述什么是天才，第二段谈陈景润自学成才，最后竟莫名其妙地冒出了“通过上述例子……”“这就是所谓的‘先天下之忧而忧，后天下之乐而乐’”的

句子。像这种作文的失误就是审题不细心，加上未仔细揣摩题意而造成的。

为避免此类情况的发生，应做到以下几点：

1.要细心谨慎

有些考生拿到试卷后，稍微浏览一下考题，觉得题目容易得很，暗自窃喜，于是不假思索地奋笔疾书，而答完后又不细心检查，抢着第一个交卷。结果却往往答非所问，张冠李戴，而且丢三落四的，本来会做的题目也丢了分。像这种“出考场兴冲冲，对答案灰溜溜”而追悔莫及的情况，在大大小小的考试中都不乏其人。

2.答题要有计划

试卷发下来后应该先沉着冷静地把全部试题浏览一遍，把考试时间分配好，让心中有一个大略的答题计划，免得顾此失彼。可是有些考生却不是这样，拿到试卷后就从头答起，不管是大题小题或难题易题，一律按部就班地答下去。结果容易做的题目是轻易就完成了，但却卡在难题上，浪费时间，使得先做的题目占用了过多时间，剩下的题目却没有时间做了。例如，常常会有一些考生的作文只写了两行时间就到了。这样前松后紧、顾此失彼的现象，究其原因正是由于答题缺乏计划。

3.认真对待每道题目

有的考生不重视分值较少的小题目，认为即使错了也不会影响到大局，因而漫不经心马虎作答；还有的考生则是匆忙答完多数自

己会做的题目，而把主要的精力和时间用于攻克不会做的题目上，结果会做的题忙中有错，难做的题目也攻而不克，造成相当大的损失。

4.答完要检查

写完试卷后一定要认真仔细地检查，而且要多检查几遍，千万不要毫无意义地争取第一个交卷，但有些同学常常把老师的叮咛嘱咐忘得一干二净，例如，把一道很简单的数学式“5－3.7＝1.3”误写成了“5－3.7＝13”，像这种错误其实只要加以检查就一定能发现，但很多同学却因为过于粗心马虎，所以白丢了很多分。

获得高分的战术 1

⊙ 掌握主观题的答题技巧

主观题考试可以测验你是否具备准确记忆所学内容、灵活组织材料、清楚表达问题、深刻理解问题实质的能力。回答这类问题时你应当记住：这类问题并没有严格规定的标准答案。

那要如何回答主观试题呢？以下有几点可供你在答题时参考：

1.先浏览一遍所有问题，然后根据问题的重要性来分配时间

如果一个问题的分值占总分的四分之一，回答这个问题的时间也应该占考试时间的四分之一。

2.审查准备回答问题

在考卷的空白处简单地打个草稿，列出你的主要观点，然后认真思考一两分钟，看看观点的安排是否合理，要确定答案中没有漏掉任何重要的地方，想好之后再动笔。这是提高答题的质与量的重要因素。在浏览题目的时候，随手记下想起的问题，建议你在考卷的上方写下题号，那么回答的过程中，只要你想起与某道题有关的内容，就可以立刻记在相应的题号后面，以防遗忘。因为在考试中，再没有比漏答一个原本可以答出的内容更难受的事了。

3.解答的首要任务是针对所问而答

要清楚而明白地用你所学的知识达到题目的要求，不需要把问题重写一遍，而且切忌开头冗长而烦琐的引述，一定要开门见山直截了当，而且言简意赅。还要记住要引用充分的事例，并且每个例子的论据都要确凿。

4.巧妙地组织答案是答好题目的关键

不善于组织材料，只是将所有的事实堆砌起来是得不了高分的。要将材料组织好，需要经过认真思考和恰当安排。一般来说考生在正式考试之前，特别是学期考试之前，应该可以预估到部分能考的问题，于是在考前往往就拟好了某些答案的大致结构，但最后在这些问题上却往往丢失了较多的分数。这是因为考生普遍不太能掌握回答这类问题的答题技巧，不是堆砌材料、没有头绪，就是只写了寥寥几条要点，当然得不了高分。这类问题的答案应包含下列要素：阐明一个观点论点、分析问题的基本要素、举出例子加以说明、得出明确的结论。

5.每次要集中精神回答一个问题，写答案时要注意把握“方向”和“程度”

有些考生经常答得过细、过多，但老师不会因为你写得多就给你高分。有些考生则容易答得离题，这都是因为忘记了答题的方向。答题时一定要把答案限定在试题所要求的范围之内，要想避免答题时笼统概括、胡填乱塞的毛病，最好是在记述要点时在心里仔细地想一下该点是否重要，对每一个要点都提出“为什么”。这样，就能分辨出哪些东西

有写到卷子上的价值，而哪些东西没有意义应该删去。

6.写完考卷后一定要全面检查一遍再交卷

如果考试时间有一小时，最少要留五到十分钟时间检查考卷，至少要检查一次标点与书写格式是否正确，是否有明显的事实错误，如错字、错误的结论或错将人物张冠李戴等。

7.保持稳定的答题速度，然后再回头去做第一次答不出来的问题

首先依序阅读所有的问题，并回答你了解的题目，跳过其中没有把握回答的。大多数情况下，会回答的问题要花的时间很短。然后再从头开始，迅速地估计一下时间，看看剩下的每道题要花多少时间，答题时不要超过分配的时间，而且也同样要跳过你不会回答的问题。接下来又重复相同的步骤，再规划时间，重新挑战不会回答的问题。要记住不能着急，按照预计的时间慢慢思考而后回答即可。

8.如果不能一眼看出正确答案，用消去法去掉明显错误的答案

这种方法的关键在于把四五个选择答案减少到剩下的两三个，以提高答题的正确率，就可以使答题变得容易些。

9.即使不知道正确答案也不要放弃，要充分利用有关知识去猜测

尽量不要让任何一道题目空着，因为只要选出一个答案，就会提高答对的可能性。下面的资料是从数学角度表示选项与猜对几率之间的关系。

选项的数目	猜对的可能性（%）
5	20
4	25
3	33
2	50
1	100

从表中可以看出，如果你消去的选项越多，猜对的可能性就会越大。

10.将每个选择答案与题目叙述及其他选项作比较

正确的答案必须是能百分之百回答出问题，或是完成题目叙述中所缺少部分的答案。你可以从以下几方面来作判断：

第一，不要把问题复杂化。没有弄懂问题时，有些同学常会不自觉地改变原题目或选项，使问题看起来成为能符合他的答案的样子。但这是错误的，一定要按题目的意思和要求作答。

第二，将每个选项与题目连起来看看。有时每个选项看起来都没有太大的破绽，但别忘了正确的答案一定是最好的。

第三，将各个选项加以比较，分析它们之间的异同，考虑正确答案和错误答案的关键所在。

11.当两个选项相同时，它们应该都是错误的

除非是多重选择题，一般单选题中不可能出现两个相同的答案。

12.如果两个答案相反，至少有一个是错误的

一般来说，如果有两个答案矛盾时，若其中之一是正确的，另一个就一定是错误的。而在这种情形下，其中一个是正确答案的可能性很大，因为出题人在出选择题时，常把正确答案的反面也列为一个选项。因此注意观察互相矛盾的答案，就可以从中得到很多的信息。

13.选择包含最完整内容的选项

在一些选择题中，有一个答案是其他两个可选答案的总和，或者是“以上皆对”“以上皆非”，这类选择答案通常是把一系列相关信息综合成一个正确答案。

还有一种逻辑推理方法是在其他相关的题目中寻求答案。这种方法特别适用于英语的阅读测验，有时答案的线索可能就在其他试题中。

当然要想取得好成绩，就必须熟读试题所包含的知识，如果是有实力的学生，一般来说一眼即可看出正确答案。如果不能一下子就分辨出正确答案，应该将答案认真地进行比较，使用逻辑推理方法判断出正确答案。如果这种方法仍然无效，就需要进行合理而有意义的猜测，或者在整张考卷中寻找线索。

作文得高分的秘诀

“同学们，今天的家庭作业是写一篇作文，题目是《我的理想》，下个星期一交。”说完，语文老师就走出了教室，同学们开始议论纷纷。

“哎呀，又要写作文，哪来那么多的素材？”

“作文，作文，作文，老是作文，能不能来点别的？”

“我的理想是不再写作文。”

……

同学们都在不停地抱怨，写作文真的很让人头疼，是一件很大的麻烦事，写多了不行，像记流水账；写少了也不行，达不到字数要求；不写更不行。怎么办才好呢？

小美也跟着大家一样抱怨，她连日记都不想写，更别说作文了，老师规定要写800字的文章，她总是给老师“打折”，五六百字便交工。她的理由是：没有什么可写的，总不能废话连篇吧！

其实很多的同学都有和小美一样的毛病，遇到写作文的时候就抓耳挠腮，恨不得“抓”出几个灵感来，可偏偏越“抓”灵感越不来，真是急死人，到最后写出来的作文又是老生常谈。

作文在考试中占有很大的分值，特别是高考试卷里，150分的总分中作文占60分。可见，出题老师把作文看得多么重要。

那么我们怎么做才能解决这个头疼问题呢？

获得高分的战术 1

⊙ 认真审题

审题是写作的第一步，而且是关系到文章成败的关键性的一步。审题的具体任务，就是正确把握命题人的意图，全面而准确地理解题目要求，弄清写作内容、范围和重点，明确立意并确定文体。那么如何做到仔细审题呢？

1.分析题目的语法关系

每一个文题，都有一定的表达形式，可能是一个完整的句子、一

个短语或是一个词语，它们都存在着一定的语法关系。所以审题时要分析题目的语法关系。

（1）主谓式文题

用完整的句子作为文题，它们往往都是主谓关系。这类题目就是文章所要阐述的中心论点，或是要表达的中心思想。其主语往往就是阐述的对象，谓语则是要阐述的观点或是文章的中心内容，有时也是决定文章内容的“题眼”，而其他的定语、状语等成分就是题目规定的取材范围。例如《我跟妈妈学做饭》，题目中的“学”就是重点，文章应把“我”从不会到会这个“学”的具体过程描述详细。主语“我”是限定题材的指示词，有了这个主语“我”的限定，文章就不能写其他人了。“跟妈妈”这一状语，限定了“学”的对象。

但大多数文题，都不是完整的句子，面对这些题目，我们应该抓住中心词语，先对题目进行补充，再进一步审清题意。例如《我的理想》，这是一个主谓结构省略式文题，审视这类文题，首先要将它补充成主谓式文题：《我的理想是当一个……家》，然后按主谓式文题的特点进行审题。

（2）偏正式文题

遇到这类文题，必须把握中心词与修饰语之间的关系，确定写作的重点。如《石油的自述》这一文题，它的中心词是“自述”，表明写法应是文艺性的叙写；而修饰限定词“石油”，则是写作对象，即：石油要通过“自我介绍”的形式，介绍它的形成、特点和功用等。

（3）动宾式文题

动宾式文题要抓住最能体现观点的动词，然后紧扣宾语，重点阐述“为什么”这个问题。例如《提倡能者为师》，动词是“提倡”，宾语是“能者为师”，文章的重点就是阐述为什么要提倡能者为师，主要是正面立论。如果再深入一层，还可阐述“怎么办”，即怎样提倡能者为师。这样综合分析，有利于根据题目要求展开论述，突出中心。

2.在审题时，必须仔细分辨清楚构成题目的词或词组之间的特定关系

譬如《自由和纪律》这个题目，首先就要辨明“自由”与“纪律”的关系，例如：没有纪律便没有自由，没有自由也无所谓纪律，二者之间是对立统一的关系，然后再根据两者的关系立论，这其实就是文章的论点。当然也可以根据这种关系再灵活变通一下，譬如：人要有自由，但自由要受纪律的约束。或者换一个角度立论，但万变不离其宗，不管从哪一角度立论，都离不开二者之间的辩证统一关系。运用这种方法，可以防止审题时在理解上的偏差，准确把握题目的含义所在，深入挖掘文题的内在意义与实质。

获得高分的战术 2

⊙ 构思过程

在审完题后，要立即开始立意谋篇，即立意、选材及合理安排结构，这就是构思的过程。一般来说，构思有以下几种技巧：

1.按事情发展的时空顺序构思

按事情发展的时空顺序进行构思，主要用于写记叙文，在特定情况下也可以用于写议论文。这种方法包括两种结构方式：一种是以时间的推移为顺序来构思文章，也就是按照事件发生、发展的自然顺序来写，以所写事件发

生、发展的先后时间为准，发生在前面的事件就写在前面，发生在后面的就写在后面。这种构思方法费时很少，而且文章的层次又显得很清晰；另一种是以空间的转移为顺序来构思文章，所谓空间的转移，就是指地点的转移，也就是作者立足点或观察点的变换。地点和立足点转移了，所写的人物、事情和景物也就跟着变化了，这种构思不但省时、高效，文章的结构也显得清晰，使人一目了然。当然在很多情况下，事件发生、发展的时间和空间顺序是一致的，按照主题的时间和空间顺序思考，形成框架，能够快速在头脑中形成清晰的脉络，很快地把全篇的布局安排好。

2.按一种事物的不同类型构思

任何事物都具有可分割性，任何一台庞大、复杂的机器都可以分解成几个部分，就像一个人从解剖学的角度来看可以分解为头、颈、躯干、四肢四大部分。文章也是一样，一篇文章总是由几个部分组成的，对事物分类叙述，对道理分条陈述，或从事物的不同侧面、不同部位加以描述，对突出文章中心都能起到很好的作用。这种方法对构思文章非常有用，譬如写一篇记人的文章，可以把这个人的优秀品德和事迹分解成几个部分，然后再分条叙写。

使用这种方法构思要注意的问题是：一是对描写的事物进行分类时，必须从同一个观察点出发，使用同一个标准去分类，不能使分成的各种类别互相交叉或互相包含；二是要分条论述，条与条、段与段之间要有内在联系，就是说分类要在“同一平面”内进行，也正因为是在“同一个平面”内进行分类，思维层次单一，构思才会迅速。

3.突破常规的思维方式

突破常规即是“求异”，就是关注现象之间的差异，通过暴露已知与未知之间的矛

盾，揭示现象与本质之间差别的一种构思方法，也就是多方向、多角度、多起点、多原则、多结果地思考问题，并在多种思维的比较中，选择最富有创造性、能最有效地表达主题思想的思路。

4.以情感为主线构思

这种构思是一种以情感为辐射的端点和射线，形成的立体网状文章思维结构的构思。说得通俗些，也就是作者对事、物、景产生了强烈感情，从而让自己的感情纵横激荡，形成汹涌澎湃的“感情潮”，或一浪高似一浪地向纵深推进，或浪花四溢地向不同的方向激荡。这种构思可以使读者受到强烈的感情渲染，适合抒情性的记叙文命题。

5.把握事物的因果顺序

准确把握事物的因果顺序，可以先说原因，再推结果；可以先说结果，再释原因；也可以由果溯因，再由因推果。此方法在说明文写作中运用较多，例如《眼睛与仿生学》，先说明人眼和各种动物眼睛的构造特点，再说明各种眼睛的视觉原理，使科学家得以研发出许多先进的机械设备。它是先说原因再说结果。《死海不死》先叙述了死海的奇异现象，进而阐述了死海形成的原因，从而使读者科学地认识到死海的特征和成因，它采用了先由果溯因，再由因推果的形式。

⊙ 编写写作大纲

构思完成后，要立即简要地拟一个纲要，然后根据纲要逐步展开成文，这样既可以加快表达速度，也可以使文章层次清晰、条理明白。

有了写作大纲，行文过程中就有了指路明灯，这是十分重要的。

从大纲的构成要素看，对快速成文有指导作用的大纲，应该包括以

下几个要素：确定好文章的中心和材料，明确地组织安排好材料，明确写作的主要方法，同时初步确定每个部分的大致篇幅。

编写好大纲，可以为成文创造良好的条件。只要根据大纲逐步展开，就可以写出一篇层次清、条理明的好文章。

要注意把握文章的“始、中、终”。一般来说，一篇文章是由三个阶段“始、中、终”紧密联结成的一个有机整体，比如记叙性的文章一般可以分为开端、发展、高潮三大阶段；议论性的文章有提出问题、分析问题、解决问题三大部分；说明性文章则有特征、本质、规律三大层次；应用性文章有前言、主体、结尾三大方面。如果能够把握住文章中三个写作阶段各自的特征和要求，明确写作的任务，就可以轻松快速成文。

起始阶段位于文章的开头部分，作为记叙性文章就是矛盾产生的部分；作为议论性的文章就是提出问题的部分；作为说明或应用性文章就是前言和引出下文的部分。它的主要任务是确立文章的表达方向，奠定文章的表达基调。

主体阶段是文章的中心部分，写作者要竭尽全力写好。主体阶段有承接的功能，它要与起始阶段保持一致，不能另立方向、自行其道，更要与起始阶段自然衔接。另外，主体阶段要充分展开来写，使文章内容充实，言之有物。

结尾阶段就是矛盾和问题的解决阶段，要水到渠成，很自然地总结论点或得出结论。

⊙ 修改

修改是考试写作整个过程的最后一关。古人写文章，把构思比做熔金，把结篇比做铸器，把修改比做攻玉，由此可见修改是文章写作过程中一个很重要的步骤。

考试写作属于一种严格的限时作文，在有限的作文时间内，修改检查不能超过五分钟，时间非常有限。由于成文快速，难免会有疏漏之处，或者是中心思想不够鲜明，或者是问题论证得不够全面，或者是语言表达得不够准确，这些都需要检查修改。一般来说，修改时要注意以下几点：

1.主题、开头与结尾的检查

主题是贯穿文章的中心思想，是文章表达出来的整体思想意义。一篇文章质量的高低、价值的大小、作用的强弱，其衡量的关键主要在于看主题正确不正确、深刻不深刻。而其他因素，如结构、语言、情节、材料等等，都是以主题为灵魂的，都受到主题的制约。在考试中，由于作者要追求快速，往往容易出现主题不够突出、论点不够鲜明的毛病。因此快速修改作文最重要的就是快速地检查文章的主题是否正确、突出、鲜明。

怎样快速地检查主题是否正确、突出和鲜明呢？我们知道，既然是考试，就不可能像平时写作那样深入细致地反复检查，所谓快速修改，就是要快速检查出文章的“灵魂”是否有毛病。其方法就是审视文章的“三点”，我们这里讲的“三点”是指文章的开头、主体和结尾三个部分。

所谓审视就是在三个部分中，快速地搜索表达主题的材料，确定它是否能有效而正确地表现出文章的主题。议论文，尤其是论点型的议论文要着重检查开头和结尾，看它是否鲜明、正确地提出了作者的观点，如果没有提出观点就要马上加进去。如果提得不够鲜明、突出，就要加上必要的修饰或限制的词语，使自己的论点突出。记叙文要重点检查中间一段，看它的材料是否能表现文章的主题，如果脱离了主题就干脆删掉；如果材料表现主题不力，就需要补充强化。

2.文句表达的修改

语言文字是文章思想内容的外衣，文章的思想内容是通过语言文字来表达的，因此对语言文字的

推敲润色是为了更生动、更准确、更形象地表达中心思想。所以说对语言文字的检查、修改和润色是写好文章的重要环节。

检查文句的具体做法是：不仔细推敲语法、修辞、逻辑等方面的毛病，只凭语感检查。文章写完以后先快速读一遍，如果念起来顺口，这说明文句是通顺的，不需要修改。如果发现什么地方念起来拗口，那就要停下来修改。修改的办法是：或增、或删、或调，根据具体情况而定。在增、删、调时亦不要考虑太多语法修辞、逻辑方面的问题，仅以语感为标准就可以了。因为一般说来，语感好的文章，在语法、修辞和逻辑方面都不会有大问题，所以语感检查是一种行之有效的快速修改方法，在考试作文的修改中常常会用到这种方法。

3.偏题、跑题的补救

考试时若审错题的确是个严重的错误，一旦发现了审题错误怎么办？首先不要心慌，有些学生遇到这种情况，立刻乱了方寸，心中着急，思维紊乱，这就犯了大忌。要知道在考试时能够发现自己的作文偏题或跑题，相对来说是件好事，应该冷静下来抓紧时间补救，补救的办法根据文章的具体情况而定。出现偏题、跑题的情况比较复杂，原因也有很多，常见的大致有以下几种：

（1）忽略题眼或题眼不突出，例如作文题目为《我逐渐了解了他》，有的学生忽略了"逐渐了解"，写成了《记我熟悉的一个人》或《我认识的一个人》，题目似乎相近，但没有突出"逐渐了解"这一复杂的过程。如果不改肯定不能得到好成绩。这时就需要补充材料，加强深度，但在原文中很难加进过多的文字，这时就可以写在稿纸的空白处，务必注意字迹清晰，并用正规修改文章的符号标示出来。

（2）把"多元题"写成了"单元题"。譬如作文题目《树木·森林·气候》要求学生自拟副标题，从现实生活中选择一个有意义的话题用上述现象进行比喻，发表自己的见解。不少同学只谈了两个概念之间的关系，把"气候"丢掉了，只把"树木"和"森林"比喻成个人和群体，阐述个人和群体之间的关系，结果就跑题了。发现了这种情况不必大动干戈、另起炉灶，只要把遗漏的论点补充上去，阐明“树木”“森林”和“气候”的关系就可以了。

获得高分的战术 5

⊙ 记叙文的写法

记叙文是生活的缩影，对于学生来说，通常生活圈子不会很大，一般只局限于校园、家庭或有限的街道和城镇中，很少有人经历过真正惊天动地的大事。所以如何在有严格时限的考试中，从看似不起眼的平凡人与平凡事中获取让人耳目一新的素材，精巧构思、铸成意象，并写出情理豁然、立意新颖的记叙文来，是写作能否取得高分的关键。以下介绍几种应试技巧：

1.小中见大

所谓“小中见大”，就是从写“小题材”入手，由小见大，由点及面，见微知著。对于这种手法，郁达夫曾有过一个形象的比喻，那就是：“一粒沙里见世界，半瓣花上说人情。”日常生活中细致、平凡的题材是可以从某一生活侧面或者片段折射出具有深刻社会意义和时代精神光辉的思想内涵的。鲁迅的《一件小事》，不过1000字，只写了“我”与“车夫”两个主要人物之间十来分钟内发生的一件小事，情节可谓简单至极，然而这件小事却“小中见大”地揭示了一个重要的人生哲理：穿长袍的“我”比干苦力的“人力车夫”要“小”得多。指出了知识分子应向劳动人民学习。

2.常中见新

人们往往对生活中的一些小事习以为常，所以不去留意。其实如果善于观察就不难发现：寻常的小事中也会富含新意。

捡破烂、卖破铜烂铁，大人、小孩人人可为，变废为宝以增加收入，看起来一点儿也不新鲜，写进文章也是司空见惯。而一位中学生看见班上几位同学在课余时间默默地捡破烂，把卖破铜烂铁回收的钱用来补茶水桶，悄悄捐给班上，解决热天储水难的问题。他敏锐地观察到了在这件事情背后隐藏的不为己而为公的感人之处，将其写进《我们的一班》这篇文章中，结果是满纸生辉，一派新意。

可见，要想“常中出新”，一要掌握背景，观察事物之间的联系；二要掌握差异，看出表面相同而实则不同的事物。

3.平中见奇

世界上不少事物由外表就可以看出其真正的本质，如老农夫的衣着是其朴素本性的表现。但并不是每件事物都如此，也有很多事物，其内在实质往往不外露，一般人看到的只是表面现象，具有慧眼的人才能窥见其奥妙，于“平”中见“奇”。记叙文的选材构思也是这样。

鲁迅少时曾在自己的课桌上刻了一个“早”字，并以此自勉，这一举动乍看平凡无奇，但是作者却能抓住这个“早”字，写出一段坎坷辛酸的经历，以展现少年鲁迅在逆境中自学磨炼、毅然前行的顽强精神。

第5章

重在明确考试的目的

如果只学习不用考试该多好呀！
不知道别人的高分是怎么得来的？
想知道吗？想考出好成绩吗？
本章将为你解答这些问题。

克服偏科这个大魔头

萌萌的成绩一直很优秀，她特别喜欢文学，所以语文成绩尤其出色。

可是，进入高年级后，她对数学一下子就失去信心了，每次数学测验回家后，总是神情沮丧、懊恼不已。平时学数学的时间也变少了，她宁可读一些文学作品，也不愿意去做数学题，数学成绩越来越差了……

其实萌萌不是唯一的例子，在她的班上，还有好几个偏科的同学。

这些偏科的学生，每个人都有让自己觉得最头疼的科目。有人说："我根本就没有数学头脑，一看到数学就头晕，更别谈考试了。"有人说："我就害怕英语，那些单词老是记不住，还有语法，怎么都学不明白。"

其实，每个人都有自己的强项和弱项，都有自己的兴趣爱好，你可能比较喜欢学习英语，而最害怕学习数学；他可能喜欢学习数学，而最害怕学习英语。如果处理不当的话，就会像萌萌一样，不喜欢的科目，学习的时间就会变少，成绩当然不会好，这时候就更不愿意学了，于是逐步形成一种恶性循环。

对于学生来说，偏科的危害是显而易见的。

一是会在知识上产生缺陷，在学科方面出现“跛脚”现象，这可能使你在某一领域总是“低人一等”。例如有的学生不喜欢学语文，在日后工作中，连一个简单的工作记录都写不好，影响了发挥。

二是影响其他学科的学习。因为各门学科是相互联系的，缺一科就会觉得不协调。正如人若是缺一只手或一条腿，就会觉得有很多不便。

如果想征服自己所讨厌的学科，必须要先找到造成自己厌恶这门学科的原因。

有人曾经作过调查，造成偏科的原因有很多，其中一个较为重要的原因就是某一方面的能力较差，其次是因失败而产生的自卑感，再次就是教师、家庭、朋友等的影响。

⊙ 克服恐惧感和自卑感

其实，每个人身上都有许多潜能，有的人有演说的潜能，有的人有写作的潜能，还有的人有绘画的潜能等等。

“我数学差，可究竟差在哪里呢？”是做题不仔细，还是对公式定理不理解？那些害怕数学的人往往被“害怕”所吓倒，总是倾向于一开始就否定自己。他们会认为自己不是学数学的料而忽视了自己的数学潜能。事实上，他们的数学能力并不差，只是因为没有认真学习才造成了成绩不好。

当你害怕某件事时，并不能说明你缺少这方面的能力，只是说明你缺少解决这件事情的技巧。也许你很有这方面的天赋，只是由于恐惧，而发挥不了潜能。

德摩斯梯尼是古希腊伟大演说家，可谁能想到他小时候竟然是一个结巴。他在海边口含石子练习演说，十年如一日，终于练就了非凡的演讲本领。如果他第一次上台讲话受人嘲笑后，便远离讲坛，他的演讲才能可能永远被埋没。

你是不是一个只爱学语文而不爱学数学的人呢？你是否总是把英语题放到最后去做呢？如果是这样，一定是你的恐惧心理在作怪。潜能如果能施展出来，就是才华；潜能如果因某种原因而受到抑制，就叫怀才不遇。

妨碍我们发挥潜能的最大敌人往往不是机会不佳，而是我们的恐惧情绪。失败常常会引起我们的恐惧，在恐惧的支配下，我们会逃避做某些事情，从而令我们对自己的潜能视而不见。

天长日久，我们就会在自己所害怕的事情上一无所获。

那么，恐惧究竟如何使我们的潜能受到阻碍呢？

第一，恐惧阻止我们尝试。因为害怕，我们放弃了拼搏，潜能无从发挥。

第二，恐惧令我们不能客观地评价自己。如果你不能客观地评价自己，不能客观地面对现实，你的恐惧就正在影响你的潜能。英国首相丘吉尔曾经说过：“一个人绝对不可以在遇到危险的威胁时，背过身去试图逃避。若是这样，危险只会加倍，但是如果立刻面对它毫不退缩，危险就会减半。”

第三，恐惧令我们逃避现实。以为闭上眼睛，困难就不存在了。实际上，潜能正是在克服困难中得以发挥和证明的。

恐惧是一张网，禁锢着你的活力；恐惧是一堵墙，构成你对自我的限制。其实，你所害怕去做的事情一定是你的潜能所在，也一定是你提高最快、进步最大的领域。所以，如果你害怕数学，你就立刻去做数学题吧；如果你恐惧长跑，你就立刻去跑上五圈。你会发现，你的恐惧消失了，你会释放出让自己难以置信的光和热。你会像换了一个人一样，觉得生命如此轻松。

你也许数学分数不如别人，你也许长跑还是比别人落后，但你的心情绝对会与过去不同。因为在这些尝试中，你发现了自己从不敢奢望的潜能。

⊙ 要从打好基础入手

在我们周围，有很多人是由于学习基础差而对某些学科不感兴趣的。

比如那些对英语不感兴趣、讨厌学英语的同学，他们一开始接触英语时，就没有打好基础，特别是音标部分，很多同学都没掌握，而英语作为一门语言学科，发音是最重要的，所以，日后英语成绩自然而然就差，这些同学也就不喜欢英语了。

我们都知道，基础不是天生的，它主要是由后天培养的。因此，基础不好可以通过自己的努力和别人的帮助来克服。你如果是因为基础不好而偏科的话，现在就应该从基础补起。

补习基础一般有下面两种方式：

1. 系统地从头补起。你哪一门差，就从头开始进行补习，最好是制订一个计划，找一个人辅导或监督，从头补起。每天补一点，日积月累地坚持下去，基础比较巩固了，再学习现在的内容，就会感觉比较轻松了。

2. 抓好眼下新课程的预习和复习。初中阶段新课程比较多，尤其要运用这种学习方法。特别是对英语的学习，首先要搞好预习，在预习过程中一方面熟悉内容，另一方面发现问题，可以带着问题去听课，课后再通过复习巩固，把握基本定律和规则等。

听课要学会“抓西瓜”

语文课上，老师正在为大家讲解诸葛亮的《出师表》，其中有一句“先帝不以臣卑鄙，猥自枉屈，三顾臣于草庐之中”，老师担心大家不理解诸葛亮当时的心情，就顺便给大家讲了一个关于刘后主的故事。大家听得非常认真。

邓艾灭了蜀汉以后，后主刘禅还留在成都。到了钟会、姜维发动兵变时，司马昭觉得让后主留在成都总不大妥当，就派心腹贾充把刘禅接到洛阳。

刘禅不明事理，不知道该怎样跟人打交道，一举一动全靠郤正的指点。平时刘禅根本没把郤正放在眼里，到这时，他才觉得郤正是个忠心耿耿的大臣。

刘禅到了洛阳，司马昭以魏元帝的名义，封刘禅为安乐公，还给刘禅的子孙和原来蜀汉的大臣都封了侯。司马昭这样做，无非是为了笼络人心，稳住自己对蜀汉地区的统治。但当时在刘禅看来，这是对自己很大的恩典了。

有一次，司马昭大摆酒宴，请刘禅和原来蜀汉的大臣参加。宴会中间，还特地叫了一班歌女演出蜀地的歌舞。

一些蜀汉的大臣看了这些歌舞，想起了亡国的痛苦，伤心得差点儿掉下眼泪。只有刘禅咧着嘴看得挺来劲儿，就像在他自己的宫里一样。

司马昭观察到他的神情，宴会后，对贾充说："刘禅这个人没有心肝到了这步田地，即使诸葛亮活到现在，恐怕也没办法使蜀汉维持下去了。"

过了几天，司马昭在见到刘禅的时候，问他说："您还想念蜀地吗？"

刘禅乐呵呵地回答说："这儿挺快活，我不想念蜀地了。"（成语"乐不思蜀"就是这样来的。）

郤正在旁边听到了，觉得很不妥当。回到刘禅的府里，郤正说："您不该这样回答晋王（指司马昭）。以后如果晋王再问起您，您应该流着眼泪说：我祖上的坟墓都在蜀地，我心里很难过，没有一天不想回到那边。这样说，也许晋王还会放我们回去。"

后来，司马昭果然又问起刘禅同样的问题。

刘禅就把郤正教他的话原原本本重复了一遍。他竭力做出悲伤的样子。

司马昭看到他这副模样，笑着说：“这话好像是郤正说的啊！”

刘禅吃惊地睁开眼睛，望着司马昭说：“对，对，就是郤正教我的。”

司马昭这才看清楚刘禅的确是个糊涂人，不会对自己造成威胁，就没有杀害他。

讲到这儿，老师又回到了课文的正题，继续讲解下面的内容，逐字逐句地解释文言文的意思，对个别的难以理解的字和词还作了重点的解释，在黑板上用彩色笔做了标记。

你知道婷婷此时在想什么吗？她的思维还停留在老师刚才讲的故事中。刘后主怎么那么昏庸呢？诸葛亮是气死的还是病死的……

老师忽然停顿了一下，敲了敲婷婷的桌子，问：“你知道《出师表》中‘先帝不以臣卑鄙’中的‘卑鄙’是什么意思吗？”

婷婷忽然被惊醒了，想了想：这还不简单，卑鄙不就是卑鄙下流的意思吗。她的话一说出口，把同学们逗得直乐，她自己还觉得莫名其妙。

下课后，婷婷被老师叫进办公室。老师问：“你上课怎么不认真听讲呢？”

“我认真听了呀，老师。刘后主真的是个无用的皇帝，怪不得诸葛亮写了这么一篇文章。”婷婷特兴奋地说：“老师，是不是诸葛亮死了之后蜀就灭亡了？”

“你上课是不是光顾着想这些问题去了？”老师一听就明白了为什么上课问的问题婷婷没有回答出来。

“是的，老师。”婷婷小声地说。

“婷婷呀，老师讲的故事只是为了加深你们对课文的理解，为讲课增加一些丰富的内容。可你不能跟着我讲的故事在脑海里天马行空的乱想呀。你的主要任务还是学习课本上的知识，刚才我问的问题说不定在哪次考试中就会遇到。你能回答出来吗？”老师语重心长地说。

谈话快结束的时候，老师说：“你要是这么喜欢听三国故事，以后我专门找时间给你讲，好吧？但上课一定要专心听讲，不要捡了芝麻丢了西瓜。”

正确对待考试 1

⊙ 只听30分钟的课

听课是学习的中心环节，我们大部分的宝贵时光都是在课堂上度过的。每个学期至少要上600多节课，一年至少要上1000多节课。因此，如果不把上课作为学习的中心环节，那可真是“捡了芝麻丢了西瓜”。

据调查，很多学生不善于听课。有的注意力不集中；有的受自己的兴趣支配，45分钟的课听得断断续续、云里雾里；有的不善于思考和观察，只是被动地接受，没有自己的思考；有的认为课堂上听得好与坏都没有关系，只要下课认真预习和复习，达到的效果是一样的，因而出现了上语文课做数学题，上数学课做英语题的现象。

作为一个学习能手，绝对不会出现以上的表现。他们注重的是听课的效率，知道一堂课对于学习好与坏起着关键的作用。所以，他们总是很认真地听课，听好关键的30分钟，就掌握了大部分的知识。

上课的前5分钟，老师大多都是对上一节课的复习和提炼，快结束的5分钟大都是对本节课进行总结，中间大概会有一两分钟的停顿。如果你头一天晚上做好了预习和复习的工作，前十几分钟的时间你只需跟着老师的思路走就可以了。而中间的30分钟你就必须集中全部的注意力，调动思维系统和协作系统，进行边听、边想、边写、边理解的“四边”行动，只有这样，你的听课效率才会更高。

⊙ 在重点地方下重点工夫

很多同学在听课的时候不注意重点，老师明明在讲台上大声地说：“同学们注意了，这是重点地方，要重点理解。”然后用彩色笔画了好几条横线，可有些同学还是漫不经心。

考试的时候，重点的地方是很容易出题的，而且分值也很高，如果重点的地方你都没有理解，想要考出好的成绩是很难的。重点之所以为重点，是因为它的难度比较大，所以在课堂上当场理解消化是最好的，也是最明智的选择。

当然，在消化重点内容的时候，还要动手做笔记，写在最显著的位置上，你也可以用彩色笔标记，提醒自己注意。因为“最淡的墨水是最强的记忆”。

另外，在课堂上也会经常遇到弄不懂的问题，听课的思路“卡壳”了，用文雅一点的字眼表示就是：理解发生障碍了。造成“卡壳”的原因很多，只要找到原因，理解即可畅通，问题也就迎刃而解了。不过，千万不能在课堂上当即寻找“卡壳”的原因，那样势必会影响听课。这个时候就要求自己果断地选择继续听课，而不要停下来去反复琢磨不懂的部分。这种全盘接受未懂得的知识，然后到课下来再慢慢弄懂它，是课堂上的一种策略。采用这种策略，虽然某一部分内容没有“当堂懂”，但是，它保证了后面各部分内容的“当堂懂”。

正确对待考试 3

⊙ 不良习惯要改正

很多成绩不好的学生听课效率很差，造成效率差的原因是在听课的时候他们有很多的坏习惯。曾经有位国际知名的听力专家，指出了八种不良的听课习惯。你看你有哪几种?

(1)觉得上课太单调无味

如果你不喜欢吃苹果，你肯定不会买苹果，同样的道理，如果你不喜欢一门课程，认为它单调无味，你肯定对它没有兴趣。但它又是你必须学的科目，怎么办呢？只有调整自己的心态，努力去喜欢它喽！

(2)喜欢批评老师

一个不喜欢吃苹果的人总是想着办法去挑苹果的毛病：你看苹果长得多丑，矮墩墩的，一点也不像香蕉那么苗条；你看苹果都是红半边、绿半边、黄半边的，从来没见过整个红苹果……如果你像挑剔苹果一样挑剔老师，那么你肯定学不好这门课程。

(3)不带脑子听课

你愿意在课堂充当一个稻草人吗？

(4)听结果

不管你是喜欢注重结果还是过程，对于学习来说过程和结果是同样重要的。你知道 x =0.28，但你不知道 x 怎么来的，有用吗？

(5)忽略主要内容

忽略主要内容而热衷于其他形式上的东西，是听课的最大误区。

(6)假装注意

假装注意和一个假装是好人的小偷一样，最后都会被警察识破。

(7)分心

一个人只有一颗心，如果你将这颗心的1/3分给了脚步声、开门声和铅笔落地声的话，那你也只能吸收到老师讲的一半甚至一半都不到的知识了。

(8)选择简单的内容

只听简单的内容，你在考试时就只能做1＋1等于几，而不会做1＋2等于几。

善用课堂笔记

“唉！又是我不喜欢上的英语课，上节课的笔记还没有补上，真是麻烦！”李建懊恼地说。忽然，他转过身来问英子：“你有昨天的英语笔记吗？”

“当然有啊，给你。”李建接过英子的笔记，翻开第一页时自己的脸就红了起来，英子的笔记记得太好了。字写得整整齐齐的，重点之处还用红笔标记过，有些地方有问号，显然是在复习时作的记录。笔记的内容非常丰富，页边上空白处有自己的批语，有的地方还摘录了一些英文的谚语，既有趣又增长了知识。

再看看自己的笔记，字迹潦草，而且记录

得一点也不系统，没有整理的痕迹，也没区分重点和非重点，想查找什么内容简直比翻新教材还难。

庆幸的是，李建是一个知错能改的学生，他马上利用课余时间把昨天的笔记补了回来，然后再把自己的笔记和英子的笔记进行对比，将以前的笔记补充完整。

⊙ 依据笔记的作用来记笔记

有些人在上课的时候，只顾埋头记笔记，大脑和手始终处于机械而紧张地“录制”语音符号的状态中，可是合上笔记本想想老师究竟讲了些什么，脑子里又是空空的，只好再花大量时间去看笔记，其结果是“上课记笔记，下课看笔记，考试背笔记”。如果翻开他们的笔记，就会发现本子里密密麻麻，全是老师在黑板上的东西。但内容混杂，没头没尾，显然是没有听懂老师的讲解。

还有一些人在上课时只是专心听讲，不做课堂笔记，虽然他们自己认为老师讲的都听懂了，可是复习时却找不到线索，结果也影响了学习效率。

在课堂上，恰当而合理地做好笔记是非常重要的。而笔记应该发挥这样几个作用：

1.帮助理解和巩固所学的知识；

2.整理自己的思路；

3.从众多资料中整理出有用的东西，从而培养处理资料的能力；

4.通过学习过程的记录，总结自己的学习方法；

5.使模糊的认识和疑点变得明确。

正确对待考试 2

⊙ 课堂笔记要记的内容

首先在笔记的内容方面，应注意记录以下内容：

1.记老师的板书。板书是老师讲课的思路，也是重点内容。

2.简明扼要地概括记录老师的讲解，特别是例证分析——可谓课堂讲授的精华，一定要尽量完整地记录。

3.记下自己在听讲过程中，突然产生的对解决某个问题有启发意义的灵感或特殊的解题思路，尤其是最佳方案。

其次，在记录笔记时应注意以下两点：

1.笔记与书本不同，它是一种供我们复习用的

纲要式文本。因此在版面形式上要注意与一般书本的不同，力求做到简明扼要、形象生动、一目了然。重点、难点、疑点要记全，但不必照抄老师的原话，否则会因忙于记笔记而顾不上听下面的内容。

2.笔记不要写得太密，最好在一页纸的左边、右边或下边留有空白，以便日后补充。

⊙ 课后要补充和整理笔记

记笔记只是一种手段，最终的目的是让笔记能够为我们所用。有人对记笔记的本身很感兴趣，将笔记整理得有条不紊、清晰整洁，自己看了感到很得意。不过，再美观的笔记若没有好好利用，也没有任何意义。

笔记是钻研和学习留下的记录，是动脑和动手留下的痕迹。好的笔记有自己的灵魂，它应该是工整但不呆板的，笔记里最重要的部分是问题的提出和经过相关思考而初步得出的答案，以及相关的背景材料和知识，还有老师课堂上强调的重点之处。

好的笔记还应具有自己的独特形式，包括各种各样的记号，彩色标记以及在课后复习后留下的痕迹和疑问，同时还应该在笔记边端列出小标题，以便于整理思路。记好笔记本身就意味着一种学习，善待了自己的笔记才能说是真正善待了自己的学业。

对于课堂上做的笔记，若想在课后及时地进行复习，可以采用以下三种办法:

1.圈点法。运用自己熟知的符号，如“圈”“点”“线”“框”等，圈定老师讲解的重点知识，锁定目标，便于日后复习巩固时掌握重点。应注意标示位置要恰当，目的要明确，切不可“鬼画桃符”，似是而非，在课后整理的时候连自己都看不懂。

2.文字压缩法。上课认真细致地听讲，留心老师反复强调的重点。边思考边把重要的知识要点在相应的地方记录下来，只记几个重要词语，其他一律用省略号代替。对不清楚的记录要利用休息时间进行整理，切不可贪多求全，把记笔记当成听写训练而忽略对知识的“消化”。

3.卡片法。把笔记整理成问答式的卡片，贴进书里。卡片逐渐增多，视野也会随之而开阔起来，书本就成了一个“袖珍图书馆”。制作的卡片要科学、简明、实用，纸片不宜过大，内容不宜冗长，以免成为复习时的精神负担。

⊙ 经常借阅朋友的笔记

借阅朋友的笔记或者和朋友交换笔记，是一种很好的学习方法。

像李建一样，从英子的笔记中发现了自己漏掉的内容，及时补充，就能跟上老师的步伐，为以后的复习作准备。

同时，还可以从朋友的笔记中发现他们记笔记的方法。每个人都有自己不同的学习习惯，习惯的不同会影响笔记的质量，每个人听课时的注意力和侧重点的不同都会使笔记的内容也不尽相同。这个时候，你就可以通过借阅不同人的笔记，发现他们记笔记的秘诀并为你所用。你也可以和朋友一起交流记笔记的心得，这样你就能知道不同的方法有不同的好处，从而找到一种更好的方法来为自己服务。当然，你也要帮助别人，把自己的笔记借给别人，因为学习是一个相互帮助的过程。

所以，记好笔记，不仅能从别人那里得到帮助，同时也可以帮助别人。同学之间相互帮助，一起提高学习成绩，不是一件很棒的事吗？

不欠复习的“账”

萌萌每天上课之前都非常认真地预习，课上也专心致志地听讲，回家写完作业后马上又投入到新课的预习之中。但是每次考前复习的时候，她都觉得许多知识还很生疏，有些甚至已经记不清是什么时候学的了……

婷婷头脑灵活、思维敏捷，平时的单元测验成绩一直很优秀。可一到“大考”的时候，跨章节、跨系统的能力型综合试题总是做不对。但分析试卷之后，她又恍然大悟：“噢！原来这章和那章是有关联的……”

其实，萌萌和婷婷这类情况在学习中是很常见的。她们两人都是由于没有对知识进行系统地复习而导致学习效果不佳的，不系统地复习是一种很不好的学习习惯。

复习是有意识地回忆和再现，这是一种有效的学习方法。如果对于识记过的知识不定时复习，那么一段时间过后，就会发生像萌萌那样的情况。

和萌萌相比，婷婷或许作到了回顾。但由于她仅仅停留在识记阶段，而没有及时地把知识条理化、结构化、系统化，更没有从总结中培养自己分析问题、解决问题的能力，所以对综合性的考查就有些吃不消了。

如果你总是不断地学习新的知识而不复习，就相当于你总是穿一件衣服而不去洗它，到最后连洗都洗不干净了，只好把衣服扔掉。如果你还想穿这件衣服的话，你就需要定时清洗它，洗了再穿，穿了再洗。

复习也一样，如果你不想欠太多的“账”，就要坚持定期整理复习，把知识吸收消化掉。

正确对待考试 1

⊙ 复习要讲究方法

看到这个标题，你一定会说：“复习还有什么方法好讲究的，不就是把老师当天讲的内容回家再温习一遍吗？这有什么难的。”如果复习就仅限于此，那就真的“太简单”了。

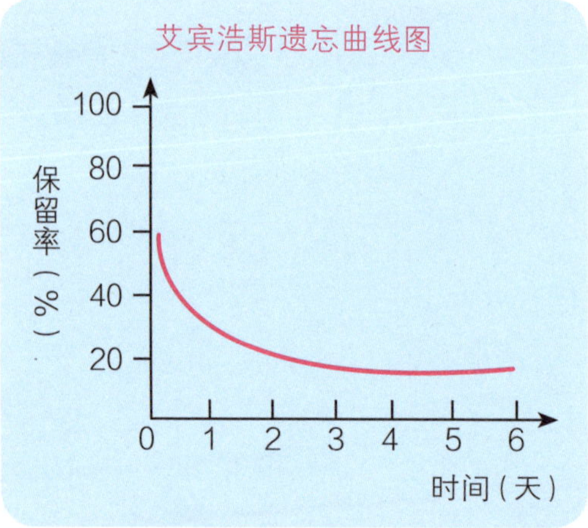

其实，复习是学习过程中的一个非常关键的环节。孔子说，“温故而知新”，相信大家一定都记得，但又有几个人能懂得呢？又有几个人能做到呢？复习可以巩固知识，但复习的作用并不局限于对所学知识的巩固，它还能加深对所学知识的理解，以达到对知识的提高和升华。所以，要达到“知新”的境界，就要仔细看下面的方法了。

1.复习要及时

德国著名心理学家艾宾浩斯在研究了人在学习过程中遗忘的发展进程后，得出了一条“遗忘规律”。从这条规律可以看出，在学习之后，最初时的遗忘非常迅速，随着时间的推移而逐渐减缓。比如，在学习20分钟之后不复习，就可以遗忘掉42%，而在31天之后遗忘率达到79%。

所以，这就要求我们在学习之后必须立即开始复习。越早巩固知识，记忆花费的时间就越少。假设在学习之后的一个星期都不进行复习，等到一个星期之后再复习基本上就跟重学差不多了。

2.把复习列入自己的日程安排上

每天出门之前，你肯定有一个大致的安排，该做些什么，要做哪些事。比如，每天上课前的五分钟自我介绍；每星期写一篇作文；每半个月去一次书店……这些都会出现在你的日程表上。

复习也一样。首先要强调的是，当天一定要将所学的内容复习完，如果还有空余时间的话，还可以复习一下昨天、前天学过的知识。为了达到良好的复习效果，最好每隔一定时间做一次复习小结，对一个星期之内学到的各门课程的知识进行系统地回顾；每章或每个单元结束后要进行总结性复习。这样做可以最大限度地防止遗忘，使复习的效率达到最佳。坚持这样做下去，你的学习成绩肯定会大有进步的。

3. 要系统化地复习

为了收到更好的复习效果，系统化地复习是非常重要的。

大家在使用这种复习方法时，可以按下面的三个步骤进行：

第一步，将需要复习的内容浏览一遍，理解和领会每章、每节、每段的意义，把握与理解文字所表达的含义。这一步必须仔细、认真，因为这一步是基础，如果这一步草草了事，其后的几步就很难取得实效。

第二步，也是复习的精华所在。在第一遍理解的基础上，必须对所要复习的知识进行分析比较，总结归类，找出知识的重点和关键，形成单元知识结构框架乃至整本书的知识结构框架。这一步非常关键，其实质就是将所有知识“编织”成一张完整、系统的“知识网”，增强知识的条理性。

最后，将知识框架与所复习的具体内容联系起来，即通过丰富知识框架的内容，将所有的知识与知识框架联结起来。这一步的作用是遵循纲目，把繁杂的知识串联起来。

4.“放电影”复习法

顾名思义，“放电影”复习法就是让知识像电影片段一样在脑子里浮现与回闪。这种复习方法是建立在对所学知识理解和掌握的基础上，抛开书本和参考资料，通过静思默想，将知识内容从头至尾再现一遍。

不过这种复习方法并非对每一门学科的课程都适用。实践表明，这种方法在语文复习中非常有效。比如，我们在复习刚刚学习完的一篇课文时，就可以根据课文的情节或叙述顺序，形成生动的形象在大脑中回闪一遍，这样可以加深对课文的理解和记忆。对于比较抽象的知识，可以抓住知识要点及其内在联系作为线索来进行知识再现。

⊙ 复习切忌前松后紧

曾经有一个人平时不抓紧时间复习，到了考试前夕才在家人的督促下发愤学习，甚至效仿古人“头悬梁、锥刺股”，不惜“自残”防止困倦。然而，如此发愤并没有给他带来优异的成绩，由于疲劳过度，他在考场上酣然入梦了。像这样平时不知道认真学习，复习备考前松后紧，甚至抱着只想考前临时突击一下的心理是肯定不会考出好成绩的。

李建平时学习成绩还不错，但就是不会安排时间主动学习。以往考前复习都是老师安排的，学习不主动的弱点并不突出，进入期终复习后，由于同学学习状况有较大差距，老师就把复习的主动权交给了同学自己，平时只作一些复习提示。李建看老师没有安排复习任务，就以为万事大吉了，每天象征性地看一会儿书，剩下的时间就是玩玩游戏、打打球。直到快考试了，数学老师看他总是一副无所事事的样子，就把数学书上的例题作了一点引申让他做，他想了半天也没有做出来，这才意识到问题的严重性，考试前匆匆忙忙地看了一遍书就上了考场，结果考试成绩一点都不理想。

萌萌说，既然复习不能前松后紧，那只要一进入复习阶段，我就“开快车”突击。仗着自己的身体好，不怕吃苦，为了尽早完成复习计划，她每天晚上复习到12点以后，早晨四五点钟就起床开始复习。复习计划倒是提前几周完成了，但是因为体力不支，经常在上课时犯困，老师讲的一些关键问题没有掌握，考试成绩自然也不理想。

小美喜欢学monkey：“wait，wait，tomorrow.”开始时慢慢吞吞，临近考试时突然发现：我怎么还有这么多内容没有复习啊？于是匆匆忙忙地复习一遍了事，有的科目根本复习不完就进入了考场，心里一点底都没有，自然也考不好。

所以，复习一定要合理地安排好时间，千万不要前松后紧，否则吃亏的还是自己。

正确对待考试 3

⊙ 复习时应该注意的问题

在复习的时候，还要注意以下几个问题：

1.进行系统的复习时要围绕一个中心课题来进行

有的学生在复习时，因为缺乏明确的中心，像看小说似的按章节阅读，但章节的排列顺序是视学生初次学习的接受能力而定，已经学完一遍进行复习时，就不应该再走老路了，应当变为围绕主题进行阅读。因为按章节阅读最多只能更熟悉单章的内容，甚至有时反而会把知识系统打乱，不利于知识的系统化。因此在进行系统复习时，应当翻翻书本的目录，把有相关主题的章节加以归类，再围绕主题研读有关章节，这样学习效果会更好。

当然，在选择系统复习的主题时，应首先选择与目前学习的新课程关系最密切的主题，这样不仅可以完成系统复习的任务，还有助于对新课程的理解。

2.平时就要学好

从全面系统复习的角度来看，平时学习到的概念和原理正是为系统复习所准备的“材料”，而系统复习正是用这些“材料”来组建“知识大楼”的。如果平时没有把“建筑材料”准备好，那么“知识大楼”在系统复习时就建立不起来。所以，平时的学习是系统复习的重要基础，而系统复习能巩固平时学习，二者不可分割。在这一点上，必须循序渐进，不能投机取巧。

有的学生计划好要进行一次系统的复习，可是进展却极为缓慢，分析一下原因，发现主要就是耽误在对概念和原理的领会不够上。从表面

Acres of Diamonds

上看，此时是在进行系统复习，实质上却是在进行基础的补差工作，所以才会进展缓慢。所以平时一定要学好，不要将平时就应该充分理解的概念和原理放到系统复习时来学习。因为系统复习的主要任务是掌握各种概念、原理之间的区别和联系，或者增强知识的系统性，而不是从头再学这些概念和原理。

3.要有集中的时间和安静的环境

进行系统复习时，要加工整理相当多的知识，要读、要想、要写、要查资料、要整理复习笔记等，这需要比较长时间的脑力劳动。因此特别需要比较集中的时间和不受干扰的环境，以确保系统复习能顺利进行。

好的学习环境是要努力去寻找和创造的，不要安于不好的学习环境，要把自己放在一个能促使自己专心于复习的环境之中。有的学生家里条件并不差，但仍然坚持到学校读书，问他们为什么舍近求远，他们说在家里是一个人读书，往往管不住自己，一会儿想吃东西，一会儿又想躺下休息，学习效率很低；相反地，在学校里读书，虽然物质条件差了点儿，可是有学习的气氛，比在家里读书的效率高多了。一个学生如果知道学习环境不好，又知道自己缺乏自制力，就该当机立断迅速离开这种不良的环境，因为在此时一旦犹豫，就意味着失败。

前面提到，系统地复习需要用比较长的学习时间才能完成，可是平时如果没有那么多的集中时间怎么办呢？在确定专题之后，可以采用“分散时间集中使用法”来解决。例如，为了复习数学中的“分数的加减运算”，不妨把一个星期内的零散时间全部用来复习这一章。时间虽然是分散的，但学习的内容是一致的，这样比较容易集中注意力，达到良好的学习效果。

4.做好系统复习前的准备工作

要复习的主题确定之后，就要利用平时零散的时间，把与这个主题有关的教科书、笔记、作业、试卷、参考书等一一找出来准备好。不妨把这些全集中到一个资料夹中，在复习时很快就可以拿出来使用，迅速地进入复习状态。

例如，有的学生计划星期一抽出半天时间复习力学专题，可是到了星期一为了翻找初中第一册物理书就耗费了很多时间，至于查找作业、试卷、笔记，就更花费时间了，结果为了找这些学习材料不仅浪费了很多时间，而且搞得自己心烦意乱，破坏了学习的情绪，直接影响了系统复习的效果。如果在星期一之前，利用每天放学后的零散时间，耐心地找出这些材料，为星期一的系统复习作好准备，就不会发生上述现象了。

5.要善于自己发现问题，深入钻研

不少学生都会进行系统复习，但效果好坏差异很大。这主要取决于系统复习时能否善于发现问题和深入钻研。如果仅仅翻一翻书，背一背定义、定理和公式，然后做点儿练习题目，这样是远远不够的，只是走马看花，达不到理想的效果。在系统复习的过程中还要多动脑筋，不断发现问题并深入钻研。

读书时要先回忆一下，看看自己对基本概念、原理掌握的情况如何，哪里还掌握得不好，原因是什么。看作业和试卷时，要分析一下出错的原因是什么，有时间的话先不要看答案，把每道题的解法在头脑中想一遍，再去看现成的答案。对于容易混淆的概念要自己比较一下，找出异同。对各原理的推导过程要认真思考一遍，理清此原理的适用范围，还要想一想如果条件发生变化，这些原理还能不能成立，会发生什么变化……总之，这样复习才能从新的角度，从整体和全局上对基本概念和原理有更深刻的理解。

若不抓住问题进行深入钻研，难免在系统复习之后还是“一看就懂、一放就忘、一做就错”。

如果在充分思考之后，问题仍然解决不了，就应当向老师请教或跟同学讨论，及时解除疑问。完成系统复习后，也可以拿自己的复习成果与同学进行交流，取长补短，博采众长，使自己的学习达到更高的水平。

⊙高效复习的方法

为了提高复习效率，应该注意以下五点：

1.以课本为依据

复习要以课本为依据，以教学大纲为准绳，不要脱离课本去看参考书。因为招生考试只能依据全国统一的课本和教学大纲命题，而不会以任何一本参考书为依据。要真正学好基础知识和技能，发展智力和分析解决问题的能力。学习贵在“精”，而不在“多”。学好课本里

的东西，再读一套参考书就已经足够了，要避免贪多。要想复习得有成效，首先必须学好课本，所谓“万丈高楼平地起”，这一点千万不能忽视，务必扎扎实实地打好基础，不漏掉一个知识点。

按照下面的要求来学习，就会感到课本很有看头。一是“准”，对每一个知识点都要弄准确，不可似懂非懂、模棱两可。因此看书时不能走马观花，要逐字逐句地钻研，务必达到透彻理解为止。二是“熟”，对学过的内容都要记牢并且练熟，要想在应用时得心应手，光看不练是不行的，认真做好每一道习题，是学习方法的重要组成部分，但这一道理却很少有人领悟。有些题目看的时候觉得自己一定会，但实际上不一定能做出来。另外练习做题时一定要规范化，写出的文字说明、方程式、公式以及重要演算步骤，都要符合正式考试的要求。三是“灵”，要学会灵活地运用知识，不要死记硬背。要熟悉定理、公式、法则的各种变形和应用，反复思考它的实质以及它和其他知识的联系，要练习“一题多解”，这样才会越学越灵活。

2.上复习课时认真听讲

认真听复习课要做到下面几点：一是查缺补漏，对过去学习中不懂或一知半解的内容，要利用复习课把它彻底弄懂，不要再有“欠账”情况。二是把知识穿成串，即使是原来已经学好了的，也要通过复习把知识整合起来，形成一个整体，这样既便于记忆，又便于应用。三是通过复习理清知识前后的纵向联系，以及知识与其他学科之间的横向联系，掌握其中的规律，产生新的认识。

3.上课前先预习，写作业前先复习

听课前应认真预习，把每一点内容都彻底弄懂。另外要检验自己究竟懂了多少，再动手做作业，如碰到不会的问题时，就要再复习相关知识，直到弄懂为止。另外，作业一定要独立完成，要相信自己的能力，不要总想着和别人对答案，或遇到稍微困难一点的问题就想问别人。实在不会做再请教同学，但也要在弄懂之后，自己动手再做一遍，不要形成变相抄袭的现象。作业在批改或对答案时发现有错，也不要急于问别人，应该自己先检查一遍，看看是什么原因，找到原因后再改正过来。能真正做到这一点，将会使你有很大的进步。

4.要经常温习以往的知识

为了减少遗忘，就需要经常复习。“学而时习之”“温故而知新”，这些是古人早已总结出来的学习规律，在总复习过程中也应该做到。例如，外语有时间就要从头读一遍，记记单词，看看语法。数、理、化要经常翻翻前面的公式、定理、法则等，直到真正熟练为止。

5.注意征服不擅长的科目

首先分析自己为什么对某些科目不擅长，并且要知道是什么原因造成的。既然别的科目能取得好的成绩，看来并非是因为缺乏学习能力，所以不擅长的科目应该也可以通过努力得到更好的成绩。“我没有能力所以不行”这样轻易放弃是错误的。

要征服不擅长的科目，其实也并无太多捷径可走，还是要从基础开始学习。因为对一般人而言，“不擅长”大多是由于基础不牢固所致。

所以对所学的内容有不了解之处时，就要从基础重新学起，直到完全弄懂为止。尤其是数学或英语等科目，更应循序渐进，利用暑假或寒假较集中的时间，认真学习，效果将会更为显著。

有些人可能会认为学习过去学过的东西是愚蠢的行为，怕被别人取笑，同时因花时间学前面的东西而担心自己跟不上现在的进度。这种想法是可以理解的，但要注意的是，要想征服不擅长的科目就不能顾忌太多，得从实际出发，按自己的步伐进行。当然如果怕落下现在正在进行的学习，可以与现在的课程预习、复习并行去做，来个举一反三，效果也会不错。

为了征服不擅长的科目，最好不要对该科目抱有自卑、恐惧的心理。有的同学可能因为某一科学习成绩不好而被老师批评，或测验现在所学习的内容时成绩比其他同学差，屡次遭遇这种不愉快的经历，就可能会渐渐失掉自信而产生自己已经学不好的自卑感。自卑感有双重性，它虽然是努力的原动力，但自卑感太强的话，不但会影响该科目的学习效果，其他的科目也会受其影响而使成绩逐渐降低。因此要征服不擅长的科目，必须先克服这种心理才行，否则就难以达到目的。

后记：正确对待考试

虽然考试对我们来说很重要，前面所有的内容也都围绕着如何应对考试而展开，但我们也应该以正确的态度对待考试。

首先，不做分数的“奴隶”。斤斤计较分数的高低，就会拉大分数和真实知识水平之间的差距。一般说来，分数的高低是衡量学习好坏的一个重要标志，但这里有个前提：高分应是建立在对基础知识的深刻理解，和对概念、定义、定律、公式、法则、词汇、写作等灵活运用的基础上。只有这样，知识的获得才能和智力的发展相一致，知识才有其真正的价值。你可以追求高分，但首先要检视一下自己是不是具备上述的基础。

其次，要把考试作为提升的新起点。通常，考试会像镜子一样，反映出学习的真实情况。考试之后，应把精力放在解决所暴露出的问题上，力求彻底查明错误的原因，在此基础上迈出扎实的一步。

再次，一次失败不等于永远失败。在考试中，难免会有一两次的成绩不好，这可能有许多原因，如考前没有复习好、试题偏难、

考试中太紧张等等。这并不可怕，谁也不能保证自己在考试中永远处于最佳的竞技水平，关键是要在考试后认真地总结自己考试失败的原因，进行有目的的改进，争取在下一次考试中取得成功。最可怕的是因为一两次没考好，就对自己失去信心，失去了努力的动力，那样在今后的考试中可能永远都会失败。

最后，以科学的态度参加考试。

有些同学平时学得很好，但一到考试，甚至是一些关键性的考试时就发挥不出应有的水平，焦虑、怯场等心理问题严重地影响着考试的发挥。这里最根本的原因是对待考试的态度不正确，许多同学在参加考试时，过度考虑考试的结果：家长怎么看、同学怎么看、自己的前途如何……带着这么多的担忧，考试成绩怎么会好呢？所以应该平心静气地参加考试，只将它看成是对自己所学知识和能力的检验。成功了，说明自己前一段的学习效果很好；不成功，现在补救还来得及。

只有这样，你才能够轻松地应对每一次考试，同时在考试中真正发挥自己的水平。让自己不再为学习和考试苦恼，做一个快乐的学习高手。

好吧，希望本书能够为你的学习生活带来帮助，考试时成绩出类拔萃！

图书在版编目（CIP）数据

怎样考才能考得好 / 学习型中国 · 读书工程教研中心主编 . -- 南京 : 江苏凤凰科学技术出版社 , 2016.8（2020.7 重印）
（小学生爱读本）
ISBN 978-7-5537-5465-9

Ⅰ . ①怎… Ⅱ . ①学… Ⅲ . ①小学生 – 考试方法
Ⅳ . ① G622.474

中国版本图书馆 CIP 数据核字 (2015) 第 231026 号

怎样考才能考得好

主　　编　学习型中国 · 读书工程教研中心
责任编辑　葛　昀
责任监制　方　晨

出版发行　江苏凤凰科学技术出版社
出版社地址　南京市湖南路 1 号 A 楼，邮编：210009
出版社网址　http://www.pspress.cn
印　　刷　文畅阁印刷有限公司

开　　本　718mm × 1000mm　1/16
印　　张　12.5
字　　数　150 000
版　　次　2016年8月第1版
印　　次　2020年7月第2次印刷

标准书号　ISBN 978-7-5537-5465-9
定　　价　24.80元

图书如有印装质量问题，可随时向我社出版科调换。